ALEM DA ESCURIDÃO

Uma Jornada de Resiliência e Renascimento.

Este livro emerge das profundezas de minhas lembranças, uma narrativa que desafia as normas convencionais. Não se prende a capítulos, mas flui livremente, como as águas de um rio selvagem. Aqui, mergulho em minhas memórias, encarando uma realidade dura, mas inegavelmente autêntica.

Convido-o a adentrar nessa jornada, onde a liberdade é a tinta que colore cada página. Rascunhe este livro, dê-o como um presente àquele que você sente que compartilha das mesmas dores e alegrias. Que ele seja mais do que uma história; que seja um espelho onde a alma possa se reconhecer.

Bem-vindo à minha história, onde a melancolia tece os fios de cada palavra, e a nostalgia é a trilha sonora que embala cada lembrança.

Agradecimentos

Quero expressar minha profunda gratidão à minha psiquiatra, Dra. Nathália Rondina. Com seu profissionalismo e dedicação apaixonada, ela me guiou através dos momentos mais sombrios, oferecendo luz e esperança em meu caminho. Este livro é uma homenagem a sua bondade e expertise, que foram fundamentais em minha jornada de cura.

Dedico estas palavras aos amigos que se tornaram minha fortaleza durante este processo. A Israel, Fernanda, Priscila, Lucas, Paulo Vitor e José Elias - meus companheiros de batalha, minha família escolhida. Com vocês ao meu lado, encontrei forças para enfrentar os desafios mais árduos. O amor e o apoio de vocês são um tesouro inestimável que guardarei para sempre em meu coração.

Sinopse:

Esta é a história de Rafael, um adolescente lidando com o abandono, as mudanças, a sexualidade, o preconceito e o sofrimento. Enfrentando a pressão da sociedade, a doença da mãe e sua própria úlcera, Rafael encontra na terapia um despertar de identidade. Ele narra o término de um relacionamento, a desconexão com a igreja e o transbordar do inconsciente em um estado de depressão forte. Intensificando o tratamento mental e identificando-se com outras pessoas no Hospital Dia qPsiquiátrico, Rafael enfrenta a idealização suicida e a tentativa, comprometendo-se em mudar. A espiritualidade e os sonhos tornam-se suas forças, enquanto ele lida com uma mente adoecida e a dor dos que ama.

Quando me sentei para escrever estas palavras, percebi que não havia um caminho definido, apenas o impulso de compartilhar minhas experiências mais profundas. Este livro é um mergulho corajoso em minha jornada pós-suicídio, uma narrativa marcada por quedas e vitórias, pela dor e pela esperança que brota mesmo nos terrenos mais áridos.

A saúde mental é uma questão séria, uma realidade que muitas vezes ignoramos até que nos afete diretamente. Não estou falando apenas de casos extremos, mas de um cuidado que todos nós devemos ter, independentemente de nossas circunstâncias. Aprendi da maneira mais difícil que ignorar os sinais pode ter consequências devastadoras.

Querido leitor, não espere até que seja tarde demais para cuidar de sua saúde mental. Não espere até que a dor se torne insuportável e a esperança pareça uma miragem distante. Este livro é um lembrete gentil, mas urgente, de que devemos priorizar nosso bem-estar emocional, antes que o custo se torne irreparável.

Nossa você escreveu esse livro pra por medo nas pessoas?

Não, definitivamente não, o propósito deste livro é justamente o oposto: é uma jornada de abertura dos olhos em relação ao cuidado com a mente, a psique. Não há como pular etapas na narrativa da minha vida; cada página é uma peça crucial no quebra-cabeça da minha experiência. E quem sabe, ao ler, você não se identifique em alguns desses pontos...

Então, estendo o convite para mergulhar comigo em minha história, para compreender até onde a exaustão mental pode nos levar, as descobertas dolorosas dos transtornos e a luta contra o impulso do autoextermínio. Este livro é um convite para a compreensão mútua, um passo em direção à empatia e à compreensão da complexidade da saúde mental.

(minha infância)

Quando mergulho em minhas memórias de infância, a primeira imagem que me assalta é a palavra "abandono". Fui criado em meio a um cenário de alienação parental, onde a característica de um dos pais é distorcida ou até mesmo desconfigurada perante os olhos da criança. No meu caso, ambos os pais estavam envolvidos nesse processo de distorção.

Fui privado não apenas da presença física de um dos meus pais, mas também da sua essência, da sua verdadeira natureza. Crescer em um ambiente onde a imagem de quem você ama é distorcida pode deixar cicatrizes profundas na alma de uma criança. Essa sensação de abandono, de estar perdido em um labirinto de emoções confusas, moldou a minha visão de mundo desde os primeiros passos da minha jornada.

Minha mãe: "Você foi rejeitado quando nasceu, sua avó (paterna) dizia que você não era neto dela e seu pai não reconheceu você como filho." As palavras cortantes de minha mãe ecoam em minha mente. Essa dolorosa afirmação, carregada de crueldade, ecoa como um trovão em meu coração. Minha avó paterna, figura que deveria irradiar amor e acolhimento, proferia palavras que arranhavam minha alma: "Você não é meu neto." Meu próprio pai, em uma negação devastadora, se recusava a reconhecer a sua própria criação.

Essas revelações, tão cruas e desoladoras, são como estacas cravadas no solo da minha existência, lembrando-me constantemente da minha condição de rejeitado desde o momento em que entrei neste mundo. A dor da rejeição, tão precoce e profunda, deixou cicatrizes indeléveis em minha alma, moldando a maneira como eu via a mim mesmo e aos outros ao meu redor.

Convido você, caro leitor, a adentrar a mente de uma criança, absorvendo essas revelações devastadoras e construindo um cenário de desolação ao redor de si mesma. Crescer sob o peso das rejeições, como eu, significava habitar um universo interior repleto de vazios, solidão e uma sensação angustiante de desamparo. Cada palavra de correção, cada olhar de desaprovação, apenas acentuava essa sensação de inadequação e desconexão.

A voz de meu pai ressoava em minha mente, impregnada de expectativas e exigências que eu nunca conseguia alcançar. "Fala como homem, anda como homem", suas palavras ecoavam como um lembrete constante de minha insuficiência aos olhos dele. Enquanto escrevo estas linhas, sou inundado por uma onda avassaladora de abandono e desafeto, uma lembrança vívida da solidão que permeava meus dias de infância.

No entanto, mesmo nos momentos mais sombrios, havia um raio de luz em minha vida: minha avó materna, vovó Nila. Ela era o porto seguro em meio à tempestade, o conforto que eu tanto ansiava. Seu sorriso era como o sol que dissipava as nuvens escuras da minha mente, seu abraço era o refúgio onde eu encontrava paz. Ela me chamava carinhosamente de "bichinho da vovó" e alimentava sonhos de grandeza em mim, dizendo que um dia eu seria doutor para cuidar dela. Oh, vovó, como sinto sua falta! Seu amor incondicional foi a âncora que me sustentou nos momentos mais difíceis.

Ela vinha religiosamente à minha casa, atravessando os 6 quilômetros que nos separavam, sempre de ônibus. Ao acordar, lá estava ela na cozinha, ao lado de minha mãe, compartilhando momentos simples e preciosos enquanto tomavam café da manhã juntas.

Era um ritual reconfortante, ver minha avó presente em minha rotina diária, trazendo consigo uma dose de amor e alegria que preenchia os espaços vazios em meu coração. Suas visitas eram como um bálsamo para a minha alma, uma lembrança constante de que eu não estava sozinho neste mundo.

E não posso esquecer do gesto simples, mas significativo, de minha avó: todos os dias, ela me dava um real. Parece pouco agora, mas naquele tempo, em 2002, era o suficiente para encher minha infância de doçura. Com aquele dinheiro, eu podia comprar uma infinidade de balas de cinco centavos, cujo sabor ainda ecoa em minhas memórias até hoje. Cada balinha era mais do que um doce; era um pedacinho do amor e da generosidade de minha querida vovó.

Eu sempre fui uma criança muito calma, acho que a parte mais chatinha era quando bebê, minha mãe fala que eu era muito manhoso e só queria colo.

Mas agora te convido a voltar um pouco, na minha primeira imagem traumática relacionada a infância...

Meu pai...

 Recordo-me vividamente de um dia ensolarado de domingo, quando eu tinha apenas três anos de idade. Naquele dia, meu pai, um habilidoso construtor civil, estava meticulosamente ocupado com um radier, uma estrutura de base de ferro destinada a uma nova construção. Seus olhos estavam focados na tarefa, exigindo precisão e atenção para evitar quaisquer contratempos. Enquanto isso, eu estava ao lado de minha mãe, observando-o com admiração, enxergando-o como meu herói, meu modelo a seguir.

Apesar da tenra idade, meu desejo era estar perto dele, imergir no mundo da construção que ele tão habilmente dominava. Inocentemente, eu não compreendia os riscos envolvidos, apenas queria compartilhar aqueles momentos ao lado do meu pai. Ele me pediu para sair uma vez, e eu obedeci, mas a atração magnética que sentia em relação a ele me trouxe de volta em questão de segundos. Minha mãe poderia ter me distraído, redirecionado minha atenção para outra atividade, mas, como se compreendesse meu anseio, ela permitiu que eu permanecesse ao lado dele.

Contudo, à medida que o tempo passava e eu persistia em ficar perto demais, meu pai começou a demonstrar sinais de preocupação e frustração. Seus pedidos para que eu me afastasse tornaram-se mais enérgicos, carregados de uma raiva que transbordava de sua voz. No entanto, mesmo diante de sua irritação, eu, ingenuamente, continuava a desobedecer, guiado apenas pelo desejo de estar ao lado dele. Então, num momento de impulso motivado pelo nervosismo e pela preocupação, ele arrancou uma folha de uma planta "comigo ninguém pode", uma metáfora involuntária para o que estava por vir. Com um gesto brusco e um olhar que faiscava de raiva, ele me atingiu nas pernas, deixando uma marca física que doeu por algum tempo.

No entanto, a dor física foi rapidamente obscurecida pela dor emocional. Aquele golpe não só machucou meu corpo, mas também feriu minha alma infantil. Eu me perguntava em silêncio: "Será que levei essa punição apenas por querer estar ao lado dele?" Essa interrogação ecoava em minha mente, criando fissuras em minha inocência e confiança na relação com meu pai.

Desde então, esse episódio tem sido uma lembrança dolorosa.

 Você que é pai, tenha consciência que o adulto da história aqui é VOCÊ, não a criança.

Eu não tinha a menor ideia de periculosidade, a única que eu queria e quando me lembro da cena é bem viva em minha mente o sentimento era *eu quero ficar ao lado do meu pai*

Lembro da dor que senti, mas sabe o que é pior? Não foi nem a dor física, mas a dor da consciência... *Eu apanhei só porque queria ficar ao lado dele?"*

O divórcio, essa tempestade que varreu minha casa, chegou sem aviso, mas deixou um rastro de devastação em sua passagem. Eu mal podia entender o que estava acontecendo, mas a sensação de confusão e desamparo era avassaladora. O pouco de segurança e estabilidade que ainda restava desmoronou diante dos meus olhos, deixando-me completamente perdido em meio ao caos emocional.

As perguntas ecoavam em minha mente como um mantra incessante: "Por que papai não está em casa? O que aconteceu?" Cada pensamento, cada lembrança, cada vez que olhava para o espaço vazio onde ele costumava estar, só aumentava a sensação de vazio e desorientação.

As cenas relacionadas a isso estão gravadas em minha memória como se tivessem acontecido ontem, apesar de eu ter 26 anos enquanto escrevo este livro. A dor da separação, a sensação de perda, a incerteza do futuro... tudo isso deixou cicatrizes profundas em minha alma, que ainda latejam mesmo tantos anos depois. O divórcio não foi apenas o fim de um relacionamento; foi o início de uma jornada, uma jornada que ainda estou percorrendo, passo a passo, dia após dia.

Desde os meus 10 anos, eu seguia para a escola sozinho, pedalando minha bicicleta por 1,5 km de casa até lá. Era uma época diferente, 2005, quando a independência das crianças era incentivada de forma mais livre. Hoje, olhando para trás, jamais recomendaria a um pai ou mãe permitir que seu filho faça o mesmo, dadas as mudanças nos padrões de segurança e o aumento dos perigos nas ruas.

No entanto, o foco aqui não está nisso. É sobre o que ecoava em minha mente durante essas jornadas solitárias, o que meu subconsciente absorvia como "verdade", mesmo que na realidade fosse apenas uma parte dela.

Enquanto pedalava pelas ruas silenciosas, minha mente vagueava entre pensamentos e devaneios. Por um lado, sentia uma liberdade incrível, uma sensação de conquista ao percorrer aquele trajeto sozinho.

Cada vez que dobrava uma esquina, minha mente registrava pequenos detalhes do ambiente ao meu redor, formando uma imagem fragmentada da realidade. Era como se eu estivesse tentando decifrar um quebra-cabeça, juntando pedaços de informação para entender o mundo ao meu redor.

Essas viagens diárias para a escola foram mais do que simples deslocamentos; foram momentos de autodescoberta, de aprendizado sobre mim mesmo e sobre o mundo. Mesmo que hoje reconheça os riscos envolvidos, essas experiências moldaram minha noção de independência, responsabilidade e perseverança desde tenra idade.

Eu observava meus amigos, enquanto alguns, como eu, seguiam para a escola sozinhos, a maioria ainda desfrutava do acompanhamento caloroso de seus pais. Era um espetáculo comovente testemunhar o cuidado minucioso, o zelo e o carinho expressos nos abraços apertados dos pais, nas palavras de encorajamento sussurradas em seus ouvidos enquanto se despediam com um sorriso.

Embora estivesse tudo bem em ir sozinho para a escola, conforme eu pensava na época, não pude deixar de notar a discrepância entre suas experiências e a minha. Enquanto eles eram guiados pela mão protetora de seus pais, eu caminhava sozinho, sem essa demonstração tangível de afeto.

Na esfera educacional, essa falta de proximidade parental me motivou a compensar, buscando excelência acadêmica. Dediquei-me incansavelmente na sala de aula, esforçando-me para absorver o máximo de conhecimento possível e evitar qualquer dúvida que pudesse surgir. Tornar-me um aluno exemplar tornou-se meu objetivo principal, uma maneira de compensar a ausência de apoio familiar.

No entanto, por trás dessa fachada de diligência acadêmica, havia um medo subjacente em relação às autoridades escolares, especialmente às diretoras da escola. Esse medo, percebi mais tarde, era um reflexo direto do que sentia em relação ao meu pai.

Falar com ele era uma fonte de apreensão constante, pois qualquer coisa podia desencadear uma repreensão, uma briga ou uma explosão de gritos. Seu temperamento temperamental criava uma atmosfera de tensão e ansiedade, onde cada interação era uma batalha emocional.

Esse medo permeava minha relação com as figuras de autoridade em minha vida, moldando minha visão e meu comportamento diante delas. Era como se eu estivesse constantemente tentando evitar conflitos, tentando me esquivar das explosões de raiva que associava à figura paterna.

Assim, enquanto eu navegava pelas águas turbulentas da adolescência, carregava comigo o peso dessa dinâmica familiar disfuncional, moldando minhas interações e minhas percepções do mundo ao meu redor.

Aqui quero deixar registrado a perca mais significante da minha vida, quando minha avó nos deixou.

Alguns meses antes eu fiquei doente...

Era um sábado, e o relógio marcava 9 horas da manhã quando abri os olhos e senti uma dor lancinante, tão intensa que mal conseguia mover-me. Tentei colocar os pés no chão, mas fui derrubado por uma onda de agonia excruciante. Minha mãe e minha avó vieram imediatamente em meu socorro, preocupadas e ansiosas diante da minha aflição.

Sem hesitar, elas me levaram às pressas para o hospital mais próximo. Lá, fui submetido a uma série de exames e avaliações, que revelaram o diagnóstico temido: apendicite supurada. A sorte estava ao meu lado naquele dia, pois por coincidência, havia uma equipe de cirurgia geral pediátrica do Rio de Janeiro na cidade, pronta para intervir em casos de emergência como o meu.

Enquanto eu era preparado para a cirurgia de emergência, a médica responsável abordou meus pais com uma seriedade solene. "Vocês têm alguma crença?", perguntou ela. Minha mãe, com a voz embargada pela preocupação, respondeu que sim, éramos uma família evangélica. Foi então que a médica proferiu palavras que ecoariam em nossas mentes por muito tempo: "Então, orem. Porque tudo o que a ciência pode oferecer, tudo o que eu fiz, agora só Deus pode decidir se ele vai sobreviver."

A gravidade da situação ficou clara para todos nós naquele momento. Quando um paciente desenvolve apendicite supurada, significa que o apêndice já se rompeu, liberando conteúdo fecal no abdômen e potencialmente desencadeando uma infecção generalizada, conhecida como sepse, que pode levar à falência de múltiplos órgãos.

A cirurgia foi um sucesso, mas a fase crítica do processo estava apenas começando. Agora, era uma corrida contra o tempo para evitar que a infecção se espalhasse e causasse danos irreversíveis. Lembro-me vividamente dos dias agonizantes que se seguiram, enquanto eu permanecia internado no hospital, lutando contra a dor e a incerteza do que viria a seguir.

Foram longos 15 dias de internação, durante os quais cada hora parecia uma eternidade. Finalmente, o dia em que recebi alta chegou, e fui para casa iniciar o processo de recuperação. A jornada foi árdua e repleta de desafios, mas, ao final, saímos vitoriosos. Agradeço todos os dias pela oportunidade de vida que me foi concedida naquele momento de extrema fragilidade e pela fé que nos sustentou durante os momentos mais sombrios.

Não se passaram nem três meses desde o dia em que deixei o hospital, ainda me recuperando da cirurgia de apendicite, quando um novo golpe devastador atingiu nossa família. Era uma manhã cinzenta, como se o próprio céu estivesse refletindo a tristeza que em breve nos envolveria. Minha avó, que sempre irradiara saúde e vitalidade, começou a queixar-se de fortes dores de cabeça, algo que nunca antes experimentara. Preocupados, buscamos ajuda médica, e o diagnóstico foi como um soco no estômago: um tumor cerebral maligno, já do tamanho de uma laranja.

O tempo pareceu se distorcer, encurtando-se diante da iminência da tragédia. Em poucos meses, testemunhamos o declínio inexorável da saúde de minha avó. O tumor avançava rapidamente, devorando sua mente e seu corpo, deixando para trás apenas uma sombra do que um dia fora. A mulher vibrante e cheia de vida que conhecíamos desapareceu diante de nossos olhos, substituída por uma figura frágil e irreconhecível.

Cada dia era uma batalha, uma luta desesperada contra um inimigo implacável que não conhecia piedade. A dor de ver alguém que amamos se deteriorar diante de nós era insuportável, um peso que pesava em nossos corações a cada respiração.

E então, no dia fatídico em que recebemos a notícia da morte iminente de minha avó, nosso mundo desabou. Foi como se o chão sob nossos pés se abrisse, engolindo-nos em um abismo de desespero e desolação. A perda de minha avó foi um golpe avassalador para todos nós, mas para minha mãe, era uma ferida que jamais cicatrizaria. Minha avó era a paixão de minha mãe, seu porto seguro em meio às tempestades da vida, e vê-la partir foi como arrancar uma parte de sua própria alma.

Naquele mesmo dia, quando enfrentávamos a dor da perda de minha avó, minha família foi dilacerada por outra tragédia. Meu pai decidiu abandonar minha mãe, deixando-a sozinha e desamparada no momento em que mais precisava de apoio. Minha mãe não pôde voltar para casa conosco naquela noite, forçada a passar a noite na casa de sua própria mãe, cercada pelo vazio da perda e pela crueldade do destino.

Relembrar aquele período sombrio é como reviver um pesadelo. As emoções transbordam, inundando-me com uma sensação de profunda tristeza e injustiça. Enquanto me recordo da imagem serena de minha avó no caixão, sua pele pálida contrastando com as pétalas brancas da rosa que coloquei sobre seu túmulo, é como se eu estivesse testemunhando a despedida de uma princesa adormecida, cujo conto de fadas terminou em uma tragédia inimaginável.

Esta parte eu dedico a você, vó Nila:

Obrigado por cada momento de conforto e caloroso abraço de avó, por cada gesto de carinho e cuidado que você gentilmente compartilhou comigo ao longo dos anos. Você foi mais do que uma avó para mim; foi um refúgio seguro em meio às tempestades da vida, um porto seguro onde eu podia encontrar paz e serenidade.

Suas palavras de encorajamento e sua crença inabalável em mim foram uma luz guia em momentos de incerteza e desespero. Você sempre viu o melhor em mim, mesmo quando eu próprio duvidava de minhas próprias capacidades. Suas palavras ecoam em minha mente como um lembrete constante do potencial que reside dentro de mim.

Hoje, enquanto trilho o caminho em direção ao meu sonho de me tornar um médico, carrego comigo o legado de amor e bondade que você deixou. Embora não possa mais cuidar de você da maneira que gostaria, prometo honrar sua memória cuidando da minha mãe com todo o amor e dedicação que puder reunir, e dedicando-me a todos os meus pacientes com a compaixão e empatia que aprendi contigo.

Você sempre será lembrada com carinho e gratidão em meu coração, vó Nila. Obrigado por ser uma luz brilhante em minha vida, e que seu espírito continue a guiar-me em cada passo do caminho.

Eu e minha vó, nossa última foto, juntos 🥺🤍

A rua era o nosso mundo, onde o tempo parecia esticar-se até ao limite, até que a escuridão começasse a cair e a inevitável chamada para casa nos obrigasse a interromper as nossas brincadeiras. Que época boa, onde a alegria de pedalar com os amigos, de nos escondermos uns dos outros, e de disputarmos partidas animadas de policia e ladrão preenchiam nossas tardes.

Lembro-me com saudade desses momentos, onde não precisávamos de telas brilhantes para nos entretermos, apenas da companhia uns dos outros e da nossa imaginação fértil. As ruas eram nossas, e nelas criávamos os nossos próprios mundos, repletos de aventuras e diversão.

Num desses dias memoráveis, um caminhão velho apareceu misteriosamente na nossa rua, com a parte traseira fechada como nos caminhões de entrega ou de sorvete que tanto nos encantavam. Foi como descobrir um novo tesouro em meio ao nosso território de brincadeiras.

O caminhão tornou-se o centro das nossas atenções, um refúgio improvisado onde podíamos deixar a nossa imaginação voar. Nos revezávamos entre o volante e os bancos da traseira, cada um de nós desfrutando do papel de motorista ou passageiro numa viagem de pura fantasia.

mas nesse dia tudo, tudo mudou...

Um jovem de 16 anos decidiu entrar para a brincadeira, éramos crianças, nossas brincadeiras não tinham maldade, eram puras; nesse dia foi minha vez de ficar lá trás e aquele jovem entrou comigo, trancou a porta e eu sentei ao lado dele, tive medo, porque a gente nunca fechava a porta de trás, ele sentou, começou a falar comigo, pegou minha mão e colocou em cima do short dele, senti algo duro e pensei *"porque isso está duro?"* puxei minha mão e ele me perguntou se eu queria ver e eu respondi que sim..

 caro leitor, não estou forçando nenhuma linguagem ou criada pra dar sentido ou emoção irreal. De verdade, não via nada sexual naquele momento, não sabia nem o que era sexo.

Ele saiu da cabine, falando se eu queria ir na casa da avó dele com ele, porque estaria vazia no dia seguinte, e aceitei.

Dali surgiu a maior dor da minha vida, não tenho noção se um dia ele vai ler esse livro, mas se ler, quero que saiba o quão mal você me fez, roubar a ingenuidade de uma criança, sexualizar uma criança é um crime horrendo.

não vou narrar detalhes do abuso, mas não houve dor física, apenas dor emocional, não na hora, porque não fui forçado a nada, tudo foi muito bem orquestrado para que eu levasse de forma mais natural possível...

sai de lá, fui pra minha casa e minha vida continuou, porém, algo em minha mente foi modificada, não sei o que é, mas tudo não era tão colorido mais como antes, passei a observar os meninos de forma diferente, e as imposições frequentes *"Fala direito, anda direito"*, eu me perguntava o que era andar direito, eu me policiava toda hora em não ser normal, porque senão iriam brigar comigo

Quero começar esta página dizendo a você, que, como eu, foi vítima de abuso, que a culpa não é sua, assim como não foi minha. Sei a quão esmagadora pode ser a sensação de culpa, de vergonha, de confusão. Mas é importante compreender que você não está sozinho nessa jornada. Buscar ajuda psicológica é crucial para enfrentar as dores que esse abuso causou. Não subestime o poder de falar sobre o que aconteceu, de compartilhar suas experiências com alguém que possa oferecer apoio e orientação.

Eu sei como é difícil falar sobre o que aconteceu. Eu mesmo nunca tive coragem de contar à minha família, porque, na minha cabeça, não parecia algo errado. Afinal, minha mãe nunca havia conversado comigo sobre esse assunto. Mas agora entendo que o silêncio só perpetua o ciclo do abuso. É preciso coragem para quebrar esse ciclo, para dar voz às nossas experiências e buscar justiça e cura.

Aos pais que estão lendo estas palavras, quero fazer um apelo: não deixem a educação de seus filhos apenas nas mãos da escola. Conversar sobre abuso e violência sexual pode ser desconfortável, mas é essencial. Desde cedo, ensinem seus filhos sobre os limites de toques no corpo, sobre o respeito mútuo e sobre a importância de comunicar qualquer situação desconfortável ou inadequada. Criem um ambiente seguro e acolhedor em que seus filhos se sintam à vontade para compartilhar suas preocupações e medos.

Nós, como sociedade, precisamos fazer mais para proteger nossas crianças e jovens do abuso e da exploração sexual. Isso começa com educação, com diálogo aberto e com o apoio às vítimas. Não podemos mais ignorar esse problema ou deixar que ele fique escondido nas sombras. Juntos, podemos criar um mundo onde todas as crianças possam crescer felizes, seguras e livres do medo do abuso.

Se minha mãe tivesse tido essa conversa comigo desde pequeno, eu teria permitido nem que ele me trancasse dentro daquele caminhão, esse diálogo não deve acontecer só uma vez e esquecer, precisa ser sempre pauta nas conversas e diálogos entre vocês, e muito cuidado mesmo com quem entra na sua casa, quem come na sua mesa, porque esse garoto na época era um dos melhores amigos da minha irmã.

Te garanto que ninguém que conviveu com ele, suspeitaria de alguma coisa assim, porque ele era um garoto de "princípios" e era muito educado.

Até hoje esse abuso ainda não foi pauta aberta pra minha família, alguns amigos sabem o nome da pessoa e da história por completa.

Mas sabe a pior parte da história? Pra esse adulto, foi só um prazer, um fetiche sexual realizado, mas pra essa criança será uma marca na alma que ela levará por toda a vida. E afora eu escrevo pra você que sente esses desejos, busque ajuda, não se entregue a esse crime, não destrua a infância de alguma criança, se trate!

É hora de romper esse silêncio. É hora de fazer desse diálogo uma prioridade em nossas famílias. A segurança de nossos filhos deve vir sempre em primeiro lugar.

Segundo Freud, os sintomas somatizados na primeira infância, até os 6-8 anos, serão o reflexo de toda a vida adulta de um indivíduo. Isso nos faz refletir sobre a importância crucial dos primeiros anos de vida no desenvolvimento emocional e psicológico de uma pessoa. As experiências e traumas vividos nessa fase podem moldar profundamente a maneira como um indivíduo enfrenta desafios e se relaciona consigo mesmo e com os outros ao longo da vida.

Portanto, é essencial que pais, cuidadores e a sociedade em geral estejam atentos às necessidades emocionais e psicológicas das crianças desde os primeiros anos de vida. O apoio emocional, a segurança e o amor durante essa fase crítica são fundamentais para o desenvolvimento saudável e equilibrado de um indivíduo.

Investir na saúde mental e emocional das crianças desde cedo pode ter um impacto significativo em sua qualidade de vida e bem-estar emocional na vida adulta. Portanto, cabe a todos nós garantir um ambiente seguro, amoroso e favorável ao desenvolvimento saudável das crianças, para que possam crescer e prosperar da melhor maneira possível.

"O abuso infantil é uma ferida invisível que muitos de nós carregamos silenciosamente ao longo de nossas vidas. É uma cicatriz que não se cura facilmente, uma sombra que obscurece até os momentos mais luminosos. Quando crianças, somos vulneráveis, confiamos cegamente nos adultos que deveriam nos proteger. Mas quando essa confiança é traída, algo dentro de nós se quebra irreparavelmente.

O abuso infantil não é apenas um evento isolado; é um terremoto que sacode os alicerces de nossa existência. Ele se infiltra em cada fibra de nosso ser, contaminando nossos pensamentos, nossas emoções, nossos relacionamentos. Sua influência é insidiosa, persistente, como um veneno que se espalha lentamente pelo corpo.

As consequências do abuso infantil são vastas e profundas. Ele nos deixa marcados pela culpa, pela vergonha, pelo auto aversão. Desperta em nós um turbilhão de emoções conflitantes - raiva, tristeza, medo - que muitas vezes lutamos para compreender e controlar. Molda nossa visão de mundo, distorcendo nossa percepção da realidade, minando nossa confiança nos outros e em nós mesmos.

Mas talvez a consequência mais devastadora do abuso infantil seja a perda de inocência, a morte prematura da criança que éramos. Ele rouba nossa capacidade de confiar, de amar, de nos conectar verdadeiramente com os outros. Deixa-nos presos em um ciclo interminável de dor e sofrimento, lutando para encontrar sentido e propósito em meio ao caos que ele deixou para trás.

No entanto, apesar de todas as suas marcas indeléveis, o abuso infantil não precisa definir quem somos. Podemos encontrar cura, podemos encontrar esperança, podemos encontrar uma maneira de transformar nossa dor em força. Ao falar sobre nossas experiências, ao buscar ajuda e apoio, ao nos recusarmos a sermos definidos pelo que nos foi feito, podemos começar a trilhar o caminho em direção à cura e à redenção.

Porque, no final das contas, somos mais do que nossas cicatrizes. Somos sobreviventes, guerreiros, heróis de nossa própria história. E embora o abuso infantil possa ter roubado muito de nós, não pode roubar nossa capacidade de sonhar, nossa capacidade de amar, nossa capacidade de sermos completos novamente.

Estamos chegando perto do final da minha infância e do início da minha pré-adolescência. Neste momento, estou profundamente inspirado por essa jornada intensa dentro da minha psique e estou narrando com o máximo de detalhes possível cada passo, especialmente os momentos de dor da minha vida. É também o momento de apresentar a vocês dois personagens fundamentais: minha irmã, Tatiana, e meu pai.

Minha irmã, Tatiana, é seis anos mais velha do que eu. Desde que me lembro, ela sempre foi uma presença marcante na minha vida. Com seus olhos expressivos e sorriso contagiante, ela irradiava uma energia única que iluminava qualquer ambiente em que estivesse. Apesar da diferença de idade, sempre tivemos uma ligação especial, como se fôssemos cúmplices em meio às aventuras e desafios da vida.

Tatiana era minha confidente, minha protetora, minha âncora em tempos turbulentos. Ela sempre esteve lá para me apoiar, para me encorajar a seguir em frente, mesmo quando o mundo parecia desabar ao meu redor. Sua sabedoria além da idade e seu coração generoso me ensinaram lições valiosas sobre amor, coragem e resiliência.

E por que estou introduzindo a história da minha irmã neste momento? Porque o que está por vir tem Tatiana como uma das protagonistas. Sua presença será fundamental para entender os próximos capítulos da minha jornada. Preparem-se para conhecer essa incrível personagem que deixou uma marca indelével em minha vida.

Como é possível crescer em um lar desgovernado, turbulento, insano, e ainda assim não se tornar uma criança amargurada, cheia de feridas e marcas? É uma pergunta que me assombra desde que me dei conta da complexidade da minha própria história familiar.

Não me recordo de cenas de brigas dos meus pais. Talvez meu inconsciente tenha guardado essas memórias profundamente, como um mecanismo de proteção para minha mente infantil. No entanto, minha irmã não foi poupada de testemunhar, ouvir e sofrer com essas situações. Eu nasci no segundo retorno do meu pai para casa, então minha irmã acompanhou tudo sozinha, como filha única na época, desde a primeira separação. Minha mãe conta que ela chorava querendo seu "papainho".

Lembro-me de pequeno ver o quão alegre minha irmã era na rua com seus amigos. Ela raramente ficava em casa, preferindo explorar o mundo lá fora. Infelizmente, muitas das amizades dela eram com pessoas que estavam envolvidas em coisas pesadas.

E assim, enquanto minha irmã navegava pelos altos e baixos da vida, eu observava e absorvia cada experiência, cada emoção, cada lição. Como é possível crescer em meio a tal caos e ainda encontrar um caminho para a esperança e a resiliência? É uma pergunta que ainda busco responder, enquanto desvendo os segredos do passado e trilho meu próprio caminho em direção à cura e à transformação.

Nossa casa naquela época ficava a cerca de 5 a 6 ruas da comunidade local, e como diz um ditado popular, "quem se mistura com porco, farelo come", e isso aconteceu exatamente assim. Essas amizades armaram uma cilada para minha irmã e a incriminaram de colocar fogo na casa de uma moça, o que era uma mentira absurda. Criaram uma cena só para pegá-la e matá-la.

Era uma sexta-feira, por volta das 17:00 horas, na hora do café da tarde. Naquele dia, mamãe tinha até recebido uma amiga para tomar café conosco. De repente, alguém bate palmas à porta. Era uma conhecida (não vou revelar nada que possa comprometer a pessoa), e ela entra com um semblante de preocupação, dizendo: "Vocês precisam ir embora de casa agora! Porque esta noite alguém virá aqui e matará todo mundo."

Não houve tempo para pegar muita coisa, apenas uma mochila para cada um com algumas mudas de roupas, e fomos para a casa dessa amiga da minha mãe. Não posso deixar de mencionar você e expressar minha imensa gratidão, Dona Beth. Você fez por nós o que ninguém da família fez. O conceito de família deveria ser exatamente esse: "uns pelos outros até o fim". Não sei se a sua é assim, mas a minha não foi, pelo menos não naquele momento em que mais precisávamos.

A situação tornou-se tão séria que bandidos começaram a circular de moto na região e nos bairros vizinhos, na esperança de encontrar minha irmã ou um de nós. Era um clima de tensão constante, onde cada sombra poderia ser uma ameaça em potencial.

Ficar na casa da Dona Beth por muito tempo era insustentável para minha irmã, pois o bairro era próximo ao nosso, o que aumentava o risco de sermos encontrados. Foi então que meu pai tomou uma decisão drástica: levou minha irmã para a casa da minha tia, que ficava bem mais longe e oferecia um ambiente mais tranquilo e seguro.

Porém, para mim, a separação foi devastadora. Eu chorava incessantemente, implorando pela presença da minha irmã. Passava os dias amuado, encolhido em um canto, sentindo um vazio profundo em meu peito. Até que minha mãe tomou uma atitude e ligou para o meu pai, conversando com ele sobre a minha dor e necessidade de estar com minha irmã.

Foi então que meu pai, sensível ao meu sofrimento, concordou em me levar para ficar um tempo com minha irmã. Naquele momento, senti um alívio imenso, como se um peso tivesse sido tirado dos meus ombros. A simples presença dela era suficiente para acalmar meu coração e trazer um pouco de paz para minha alma.

Essa minha tia estava prestes a se mudar para outra cidade, bem mais distante da nossa, e decidimos acompanhá-la. Foi uma decisão difícil, mas parecia ser a melhor opção naquele momento caótico de nossas vidas. No entanto, essa mudança significava ficar longe da nossa mãe, algo que nos afetou profundamente. Passamos um ano inteiro distantes dela, lutando para nos adaptar a uma vida sem sua presença acolhedora e reconfortante.

Morar com parentes, por mais bem-intencionados que sejam, nunca é a mesma coisa do que estar em casa. É uma experiência desafiadora, que nos faz perceber o quanto valorizamos nossa própria família e nossa privacidade. Não sei se você que está lendo já passou por isso de morar com parentes, mas pode entender que não é fácil.

Quando finalmente decidimos voltar para nossa cidade, muitos esperariam que voltássemos para nossa antiga casa. Infelizmente, não foi o caso. Mesmo após um ano, ainda estávamos sob a mira daqueles que nos ameaçavam, forçando-nos a nos mudar para o outro lado da cidade em busca de um pouco de paz e segurança. Foi mais uma reviravolta em nossa jornada, mais um capítulo marcado pela incerteza e pela necessidade de nos adaptar a uma nova realidade.

Sem dúvida, essa foi uma das partes mais difíceis da nossa história. Tudo parecia estar desmoronando ao nosso redor. Naquela época, meu pai ficou desempregado, e o único dinheiro que tínhamos era proveniente do aluguel da nossa casa. Era esse dinheiro que pagava o nosso aluguel, e era o que mantinha um teto sobre nossas cabeças. Além disso, a prefeitura da cidade tinha um projeto social de ajuda de custo alimentar para famílias de baixa renda, e essa era nossa sorte naquele momento de extrema necessidade.

Eu e minha irmã retornamos para a escola, e como era uma escola pública, recebíamos nossa alimentação lá. Mas e minha mãe? Imaginem a dor de ser mãe e não ter o suficiente para alimentar seus filhos. Minha mãe passava por momentos de extrema dificuldade. Às vezes, ela ia até a casa dessa amiga dela, fazia uma faxina em troca de uma refeição. Era uma situação desesperadora.

Nenhum dos irmãos dela estendeu a mão para ajudar. Nenhum deles sequer ofereceu um sacolão de alimentos ou alguns trocados para nos auxiliar. Foi um período em que nos sentimos abandonados, lutando sozinhos contra as adversidades da vida. Mas mesmo diante de todas as dificuldades, minha mãe permaneceu forte, determinada a fazer o que fosse preciso para nos manter juntos e superar aqueles tempos sombrios.

Eu estou aqui tentando buscar algum sentimento referente a época, mas não vem nenhum, talvez porque foi exatamente no momento em que a consciência está começando a amadurecer, então não sofria tanto quanto eles que já eram adultos.

Minha irmã nessa situação tinha 16 anos, e ela namorava um rapaz, que de vez em quando visitava a gente, era um rapaz gente boa, eles já namoravam antes desse estouro todo acontecer.

Só que um dia, minha irmã começa a ficar muito enjoada, e no final descobriu uma gravidez, que situação que aquele bebê estaria sendo gerado, quantos conflitos internos, medos, e agora aquela gestação.

Não tínhamos o eu comer direito, o que fazer agora com uma criança?

Estávamos temerosos na época de contar para o meu pai, porque não sabíamos qual reação que ele teria. Até que minha irmã criou coragem e contou pra ele.

Esse período crítico durou um ano inteiro. Minha avó materna tinha deixado uma casa bem perto de onde estávamos, e minha mãe foi falar com os irmãos para ver se concordavam em que ela morasse lá conosco. Naquele mesmo mês, nos mudamos para a casa nova.

A mudança de casa não parecia ser apenas uma troca de endereço, tudo parecia ter mudado junto. Meu pai conseguiu um emprego embarcado, e nossa situação financeira melhorou bastante.

Nesse intervalo de mudanças, minha sobrinha estava prestes a nascer. Era novembro, e ainda não tínhamos o berço do bebê.

Lembro que naquele ano, os Correios organizaram um Natal solidário, no qual qualquer pessoa podia ir lá e apadrinhar uma carta de alguma criança.

Ninguém sabia, mas eu tinha escrito uma cartinha. Só que nela, eu não pedi nada para mim. Coloquei:

"Querido Papai Noel, me chamo Rafael, tenho 10 anos e vim pedir para o senhor um berço para minha sobrinha que vai nascer."

Essa carta carregava toda a esperança e o amor que eu sentia. Cada palavra era um desejo sincero para que minha sobrinha tivesse o que precisava. Acreditei com todo meu coração que Papai Noel poderia nos ajudar. E, naquele Natal, aprendi que a magia das festas está no poder de acreditar e na força dos nossos desejos mais puros.

Não pensei em pedir nada para mim, eu só queria que minha sobrinha tivesse onde dormir. Um fato importante que esqueci de mencionar é que ela já tinha nascido. Nasceu no dia 19 de novembro, uma criança linda e calma. Nunca vi um bebê como ela, como a Kethellem. Não me lembro dela chorando por nada. Ela dormia junto com minha mãe e minha irmã na cama de casal. Eu dormia em uma cama de solteiro ao lado da janela.

Chegou o dia de ir buscar o presente na agência dos Correios. Quando me chamaram e eu vi a embalagem gigante, fiquei tão feliz, pois sabia que minha sobrinha agora teria onde dormir. Peguei o presente, e lembro até agora da sensação de felicidade e êxtase ao receber aquele presente do Papai Noel. Quando abri a embalagem em casa, fiquei surpreso ao descobrir que meu padrinho não tinha apenas dado um berço, mas também havia colocado um presente à parte para mim. Fiquei ainda mais feliz.

Naquele Natal de 2007, uma pessoa desconhecida fez duas crianças felizes. Essa pessoa nunca saberá o quanto seu gesto significou para mim e para minha família. Ela trouxe alegria e esperança em um momento em que mais precisávamos. Aquele presente não era apenas um objeto, mas um símbolo de bondade e generosidade que nunca esquecerei.

Agora, estamos saindo da minha infância e entrando na minha pré-adolescência. Estão preparados? Em algumas páginas, vamos mergulhar nesse mundo tão frio, aconchegante e, ao mesmo tempo, triste, da minha pré-adolescência e adolescência.

Esses anos foram marcados por intensas transformações, descobertas e desafios. Foi uma fase em que o peso das responsabilidades começou a se fazer sentir, e as alegrias da infância deram lugar a novas emoções e experiências. Preparem-se para conhecer as histórias que moldaram quem eu sou hoje, repletas de momentos que variam entre o doce e o amargo, e que definiram a minha jornada até a vida adulta.

uma carta ao leitor:

antes de continuar, eu queria salientar a vocês o quão incríveis meus pais são; sei que devem estar com raiva, mas o intuito é só faze-los viver comigo o que passei, mas eu amo aos pai e amo minha mãe de forma incondicional, infelizmente não podemos dar a alguém aquilo que não temos, e meu pai teve uma infância muito, muito difícil, teve que começar a trabalhar com 9 anos de idade pra sustentar a casa porque seu pai tinha abandonado o seu lar, minha avó paterna Izabel, sempre foi uma mulher muito amargura e dura, então caro leitor, meu pai não recebeu amor, e ele nos ama de jeito que ele pode amar, ele é incrível hoje e eu te amo pai.

Nenhum episódio depressivo se desencadeia do nada. Às vezes, nós, que sentimos isso, no momento, não pensamos no contexto geral. Não percebemos que essa dor na alma, exposta aqui e agora, é, na verdade, apenas a ponta de um grande e profundo iceberg.

Por sinal, o iceberg é uma das ilustrações usadas para representar nossa psique: o Id, o Ego e o Superego.

O Id é a parte mais primitiva e instintiva da mente. É onde residem nossos desejos e impulsos mais básicos, como fome, sede e prazer. Ele age impulsivamente, buscando satisfação imediata, sem se preocupar com as consequências.

O Ego, por outro lado, é a parte da nossa mente que lida com a realidade. Ele tenta equilibrar os desejos do Id com as normas e regras do mundo ao nosso redor. É o Ego que toma decisões conscientes e racionais, buscando formas realistas de satisfazer os desejos do Id.

Já o Superego é como uma espécie de juiz interno. Ele incorpora os valores e moralidades aprendidos com os pais e a sociedade. O Superego nos lembra do que é certo e errado e nos faz sentir culpa ou orgulho de nossas ações.

Essa combinação complexa de forças molda nossos comportamentos e pensamentos, muitas vezes sem que percebamos. Entender esses aspectos da nossa mente pode nos ajudar a navegar melhor pelas emoções intensas e pelos desafios da vida.

À medida que avançamos na minha história, vocês verão como esses elementos influenciaram minhas experiências durante a pré-adolescência e a adolescência, uma fase repleta de mudanças, descobertas e, às vezes, de profundas tristezas.

Essa cena ocorre quando eu tinha em torno de 8 anos. Logo depois de se separar da minha mãe, meu pai conheceu uma mulher que tinha dois filhos: uma menina da minha idade e um rapaz dois anos mais velho que eu. Lembro perfeitamente do dia em que meu pai me levou para conhecê-los. Ainda no fusca dele, ele parou o carro, e eu

desci para conhecer as três pessoas que marcariam o final da minha
infância e o início da minha juventude.

Minha madrasta sempre me tratou muito bem. No início, eu apenas
a visitava, mas logo meu pai começou a dormir lá e me levar junto.
Todos os finais de semana, eu passava com ele na casa dela. Esses
momentos marcaram uma transição importante na minha vida,
moldando muitas das experiências que viriam a seguir.

Quando eu ia tomar banho na casa dela, ela me colocava para tomar
banho junto com o filho dela. A princípio, não parecia nada demais,
até era divertido brincar no banho. Na minha memória, não vem
nada alarmante; eram apenas duas crianças tomando banho juntas.

Quero fazer uma pausa aqui para escrever algo importante. Não sou
psicólogo, e tudo o que escrevo até aqui vem das minhas vivências,
buscas pessoais e das psicoterapias que fiz.

Eu diria que os pais devem observar atentamente até que ponto é
saudável deixar as crianças tomarem banho juntas. Quando
perceberem quaisquer indícios de desenvolvimento ou
amadurecimento infanto-juvenil, já é hora de separá-las e não
permitir mais que tomem banho juntas. É crucial estar atento a esses
sinais para garantir que o ambiente permaneça adequado e seguro
para todas as crianças envolvidas.

"Como mencionado por Alice Miller em 'O Drama do Bebê Dotado',
os pais devem estar atentos ao desenvolvimento da maturação
infantojuvenil de seus filhos, e isso inclui observar até que ponto é
apropriado permitir que as crianças se banhem juntas. Conforme
Miller ressalta, ao perceber quaisquer indícios de maturação sexual,

é crucial tomar medidas para separá-las, garantindo assim um ambiente seguro e respeitoso para o crescimento saudável e o desenvolvimento emocional de cada criança."

Não tenho registros muito fortes dessa parte da história, mas posso afirmar que para mim era algo novo. Nunca antes eu havia tomado banho com outro menino, e meu pai nunca tinha apresentado uma "tia" antes – foi o termo que me ensinaram na época.

Lembro também que, nesse período, meu pai ficava muito em cima de mim sobre comportamento e chegou a me levar ao urologista para me examinar e ver se estava tudo ok com meus exames e minha fisiologia.

Eu sempre fui uma criança com o corpo magro até o divórcio dos meus pais. No entanto, com todas essas mudanças, tudo começou a mudar, inclusive fisicamente. Comecei a ganhar peso.

Essa fase foi cheia de novas experiências e desafios, tanto emocionais quanto físicos. As mudanças em minha vida familiar e o novo ambiente contribuíram para transformar minha infância de maneiras que eu ainda estava começando a entender.

Eu só comia. Era minha forma de escape, nesse episódio nunca mais fui brincar em uma rua, me tornei uma criança indo para sua pré-adolescência sedentário.

Meus únicos amigos agora eram eles, Maria e Lucas, enteados do meu pai. (nomes fictícios)

Nessa época, eu ainda estava morando na casa da minha avó, então não tinha amigos além dos da escola. Meu corpo começou a crescer muito rápido, e eu fui engordando junto. Na escola, virei motivo de chacota entre os colegas. Nas aulas de educação física, os meninos me colocavam como goleiro, dizendo que, por ser maior, eu evitaria mais gols – e riam disso.

Essa fase foi marcada por um sentimento crescente de diferença. Comecei a olhar para todos de uma maneira diferente, tanto para as meninas quanto para os meninos. Não sei explicar, mas eu me sentia diferente. Era como se uma névoa de confusão estivesse constantemente presente, enquanto eu tentava entender essas novas emoções e mudanças no meu corpo.

A comida era meu consolo, o refúgio onde eu encontrava um pouco de paz. Mas essa paz era efêmera, e logo dava lugar a um vazio ainda maior. A solidão de não ter muitos amigos e a sensação de ser diferente dos outros me deixavam cada vez mais introspectivo. As risadas e piadas na escola só aumentavam meu sentimento de inadequação.

Cada dia era uma luta silenciosa. A cada olhar diferente que eu lançava, sentia um misto de curiosidade e medo. Será que alguém percebia o quanto eu me sentia deslocado? Será que algum dia eu encontraria meu lugar? Esses pensamentos ecoavam na minha mente enquanto eu navegava por essa fase confusa e dolorosa da minha vida.

E nessa fase comecei a olhar diferente para todo mundo, tanto para as meninas, quanto para os meninos, não sei, mas eu me sentia diferente.

Meu vínculo com Maria e Lucas se tornaram tão intensos que nós éramos melhores amigos, eu já ficava contando as horas para o próximo final de semana pra ir pra casa deles.

O Lucas como eu falei lá em cima, tinha de 2 a 3 anos mais velho que eu, e eu não sei como começou, mas teve uma noite que ele me chamou pra vermos um filme na band que passava de madrugada. Aquele filme mexia comigo de certa forma, não sei explicar onde, e nem como, mas algo aqui dentro começou a ser mexido.

O Lucas começou a querer que nossas brincadeiras fossem mais sexualizadas, pra mim era natural, mas diferente da época em que fui abusado, agora acendia um fogo aqui dentro de *"Zona Proibida"* que era segredo entre mim e ele.

Tudo fluiu de forma bem tranquila, e eu estava entrando fase começar a dizer os gostos, tem uma hora que parece que a nossa mente dá um salto... a gente sente que nossa inocência vai se despedindo de nós pouco a pouco, e pra você se situar sobre em que época eu estava, RBD tinha começado a ser febre no brasil, toda criança era apaixonada e eu não era diferente.

Comecei a lidar com essa mudança no peito, tínhamos brincadeiras que eu sabia que se meu pai soubesse eu estaria bem encrencado, mas eu não queria parar de fazer, era bom, era novo.

Ficamos nessa fase ate os meus 14 anos, com certeza que com o avanço da idade, as brincadeiras se intensificam e pela idade, o que antes era brincadeira, agora já era em um contexto bem sexualizado.

lembro que em uma noite, nos beijamos, só aconteceu esse dia e dessa vez, não, eu não o amava, mas sei que naquela fase da minha vida, ele já não era só meu melhor amigo, tinha algo a mais que não sei explicar.

Passando as semanas, certo dia, de domingo para segunda, ele me acordou de madrugada, querendo algumas caricias, me recordo que eu não queria nada, e ne nesse decorrer, já não existia prazer, pelo menos não pra mim, só ele sentia esse prazer, mas mesmo assim eu não tinha força pra dizer não.

Talvez aqui começou a se manifestar traços do abuso lá de trás.

Porque querendo ou não eu estava em uma circunstância de dor, e quando me refiro a dor, mais uma vez não era física, mas sim emocional e dessa vez muito mais intensa.

Descemos para a sala e em um determinado momento a mãe dele nos pegou, nossa, naquela hora eu só queria não existir.

Lembro do desespero que vivi naquela situação. Não sabia o que fazer, como reagir, nem o que seria de mim depois disso. Será que eu iria apanhar? Ali foi a primeira vez que senti vontade de morrer, de sumir do planeta. Vergonha, com toda certeza, se tornou meu sobrenome nesse período.

Sempre fui um filho bom, estudioso, gentil. Não queria desapontar meus pais. Subi para o quarto e ela veio conversar comigo: "Rafael, o que vocês estavam fazendo? Lucas não é mulher, e se eu contar para o seu pai, ele vai te bater muito."

Essa conversa só aumentou meu medo e minha confusão. Não sabia como lidar com tudo aquilo. Sentia-me culpado e envergonhado, como se tivesse cometido um erro terrível. A ideia de decepcionar meus pais era devastadora. A partir desse momento, o peso da culpa e da incerteza se tornou ainda mais difícil de suportar.

Ela tinha me prometido não contar nada para ninguém sobre o que ocorreu, e eu acreditei, muito tolo eu. Após isso, cada dia era um pesadelo para mim, porque eu não sabia quando alguém viria falar comigo sobre o ocorrido. Com certeza, você já passou por isso, estar em aflição com medo de que alguém descubra seus segredos.

Até que um dia, minha mãe me chamou para conversar com minha tia, e me perguntaram se eu tinha feito alguma coisa com o Lucas. Pronto, minha casa caiu. O que dizer agora? Fiquei em choque, e elas começaram a me questionar. Eu neguei tudo, disse que era mentira, que não tinha acontecido nada.

Aquela conversa foi um verdadeiro teste para minha capacidade de manter a mentira. Por dentro, eu estava em tumulto, com medo das consequências, da decepção e do julgamento. Mas, naquele momento, negar parecia ser a única opção para proteger a mim mesmo e evitar mais conflitos.

O jogo tinha virado. A mãe dele mudou completamente o contexto e colocou o filho como o mais inocente ser, enquanto eu me tornei o demônio da história. Quando neguei, doeu por dentro, por estar quebrando a confiança da palavra que minha mãe tinha comigo. Mas ela acreditou em mim e me defendeu.

Depois de anos, me senti refugiado novamente. Eu tinha proteção. Minha mãe estava ao meu lado. Essa sensação de segurança e apoio foi um alívio imenso, como se finalmente eu pudesse respirar novamente após tanto tempo sufocado pelo medo e pela incerteza. Ter minha mãe ao meu lado significava que eu não estava sozinho, que havia alguém lutando por mim e acreditando na minha verdade.

Essa foi uma das experiências mais poderosas que vivi, reforçando o valor e o amor incondicional de uma mãe.

Depois de alguns dias, minha tia me chamou e conversou comigo. Ela disse que meu pai tinha ameaçado processar minha mãe por "má-criação". Fiquei boquiaberto com essa revelação, mas não sabia o que fazer. Estava com muito medo de ver meu pai de novo e de sofrer consequências, então decidi não voltar mais à casa da minha madrasta. Na verdade, nunca mais fui lá. Foram sete longos anos sem pisar naquela casa, até que meu pai precisou de cuidados após uma cirurgia e ficou hospedado lá. Quando finalmente retornei, a pergunta que ela me fez, de forma mais sínica possível, foi por que eu havia sumido.

Essa experiência foi mais uma prova do trauma e das consequências que esse período difícil deixou em minha vida. O medo e a ansiedade se tornaram companheiros constantes, e a confiança nas pessoas ao meu redor foi abalada profundamente. O simples ato de retornar àquela casa trouxe à tona lembranças dolorosas e sentimentos complexos que eu havia guardado por tanto tempo.

"Oh porquê? será que a vergonha que passei foi pouca? Ou será que o fato de você ter invertido toda a história, será que pensou no quanto isso estaria me machucando? "

Essas foram as perguntas e afirmações que pensei na hora que ela falou, mas não disse nada, eu só queria sair correndo dali, parecia que aquela casa, nunca foi um dia meu lugar de refúgio, me sentia tão mal e em sofrimento por estar ali.

Talvez você não saiba o quanto essa situação mexeu comigo, o quanto de estrago isso me causou, decidir expor algo aqui que ninguém da minha família sabe, somente meus melhores amigos e agora vocês.

Até o dia de hoje, nunca, nunca recebi uma conversa do meu pai
sobre isso, sobre minha sexualidade ou sobre o que aconteceu. Tudo
o que eu recebia era muito bruto, não só dele, mas de todos ao meu
redor. Essa ausência de diálogo e compreensão só aumentou meu
sentimento de isolamento e confusão.

Essa minha tia, irmã da minha mãe, tornou-se meu segundo porto
seguro. Sempre tive uma admiração profunda e um carinho imenso
por ela. Ela me tratava como um filho e, sem dúvida alguma, era uma
das minhas tias favoritas. Nossa convivência era frequente, para não
dizer diária.

Era nas palavras gentis dela que eu buscava conforto quando o
mundo parecia pesado demais para carregar. Era seu abraço que me
acolhia nos momentos de maior desespero. E agora, ao enfrentar
essa situação dolorosa, me sentia traído e desamparado. A dor de
ver alguém que você tanta ama e admira lhe ferir de maneira tão
profunda é indescritível.

Perceber que aquele lugar que antes era meu refúgio se tornou um
campo de batalha emocional só aumentava minha angústia. Como
lidar com o rompimento de uma conexão tão significativa? Como
continuar a confiar em alguém que, de repente, se tornou fonte de
dor e decepção? Essas eram perguntas que ecoavam na minha
mente, enquanto eu tentava processar tudo o que estava
acontecendo.

Sabe quando algo está errado em você? Pois é, é o que eu sentia. De
vez em quando, esse "segredo" que já estava resolvido, mas dentro

de mim não, porque eu menti, menti para me proteger, mas mesmo assim eu sabia que era mentira.

Nesse período, eu ainda tinha 14 anos de idade e estava no 9º ano do ensino fundamental. Em relação a crenças e espiritualidade, eu não acreditava em nada. Por mais que minha família fosse cristã, todos já não frequentavam a igreja há anos. A doutrina e a criação permaneceram, mas a vida já não era cristã nem aqui, nem na China.

Essa desconexão entre o que eu vivia e o que acreditava contribuía para o sentimento de desorientação que eu experimentava. Era como se eu estivesse à deriva, sem um rumo claro para seguir. Essa falta de alinhamento entre minhas convicções pessoais e o ambiente ao meu redor apenas ampliava minha sensação de estranhamento em relação ao mundo.

E vivendo nesse contexto, eu simplesmente existia. Literalmente, eu tinha perdido todo o prazer pela vida. Para que viver? Será que viver é apenas isso?

Sentia uma forte preferência do meu pai pela minha irmã. Nunca foi expresso, mas ao longo de toda minha infância e adolescência, ela sempre teve cursos pagos de inglês, informática, e tantas outras coisas. Quanto a mim, nada. Celular? Ela ganhava, e eu? Nada.

Eu até pensava que era pela idade, mas com 14 anos? Enquanto ela já tinha passado por várias experiências, minha vida parecia se resumir a viver das sobras dela. Essa disparidade entre como éramos tratados dentro da própria família só aumentava meu sentimento de desvalorização e invisibilidade. Era como se eu fosse uma sombra, sempre na periferia, nunca no centro das atenções. Essa sensação de ser menosprezado e deixado de lado contribuía para o meu crescente desencanto com a vida.

O pai ou a mãe não precisa dizer se tem preferência por um dos filhos; o próprio comportamento deles já manifesta essa preferência. E para complicar ainda mais esse turbilhão interno da adolescência, essa troca de hormônios e essa mudança constante de mente, aquela minha tia que mencionei antes chegou até mim um dia e, de forma mais natural possível, me falou: "Você sabia que sua mãe tentou te abortar?"

Aquelas palavras atingiram como uma flecha, perfurando meu coração e deixando um rastro de dor e confusão. Como assim? Por que ela nunca havia mencionado isso antes? Será que era verdade? Tudo parecia desmoronar ao meu redor enquanto eu tentava processar essa revelação chocante.

Essa informação abalou minhas bases, questionando minha própria existência e o lugar que ocupava na vida da minha família. Era como se uma sombra de dúvida pairasse sobre tudo o que eu sabia sobre minha história, lançando-me em um abismo de incerteza e dor. Essa foi mais uma ferida aberta Em minha alma já tão marcada por cicatrizes emocionais. Agora sim, literalmente tudo, tudo o que eu ainda tinha caiu... minha mãe fez isso? Minha base de amor, de sustentação, aquela que pensei que me amava, tentou me tirar?

Então não era só pelo meu pai que fui rejeitado quando criança. Ela continuou: "Eu quem a levei na farmácia, para tentar te tirar. Sua gestação foi indesejada, porque você nasceu no meio de briga. Mas, chegando na farmácia, o farmacêutico era contra o aborto e, ao invés de passar algum medicamento para matar o feto, ele deu algo para fortalecer."

Ouvir essas palavras não me deixou nada confortável. "Só estou aqui então pela atitude do farmacêutico?"

Às vezes, você não tem ideia do que pode fazer por alguém. Às vezes, uma atitude tão pequena da nossa parte pode fazer toda a diferença na vida de alguém amanhã. Eu não sei qual é sua profissão, ou qual você ainda escolherá, mas seja o que for, faça com amor e dedicação. Essa história me ensinou que um gesto de bondade pode mudar o curso da vida de alguém para sempre.

Pronto, aqui posso dizer que encerrou minha infância e pré-adolescência. Sinto plenamente essa mudança quando reflito sobre aquela época.

E a partir daqui, peço que você abra sua mente e não utilize nenhuma forma de preconceito ou descarte essa parte da história, pois ela foi tão importante quanto as outras para chegar ao ponto crucial da narrativa.

Eu tinha uma vizinha que era cristã, e eu detestava gente crente. Achava crente coisa de maluco, alienado. Ser crente? Como, nem sei mesmo se Deus existe. E essa vizinha era um tanto quanto insistente, me chamava toda semana para ir ao culto, e passou um tempo bom fazendo isso. Eu ficava furioso por dentro, até que um dia decidi ir.

"Quer saber? Eu vou lá, só dessa vez, para essa chata parar de me encher e não me chamar mais."

Fui para o culto de bermudão, tênis, e me sentei lá nas últimas cadeiras da igreja. O pastor começou a pregação, e eu nem estava prestando atenção no culto, até porque já se tinha passado muitos e muitos anos desde que eu não pisava em uma igreja, então tudo era bem estranho para mim. No entanto, comecei a me perguntar sobre Deus, Jesus, e resolvi fazer uma espécie de prova para Deus.

Pensei: "Deus, se realmente existe, eu quero casar, quero ter filhos e quero cursar uma faculdade." Você já parou para observar a prova que um adolescente de 14 anos fez com Deus? Já parou para avaliar meus pedidos? Todos eles tocavam nos campos de dor da minha história. Inconscientemente, eu clamava por solução, por socorro, por ajuda.

Depois que fiz esse pedido, ou essa "prova", como queira chamar, passaram-se apenas 5 minutos. O pastor que estava pregando saiu do púlpito e veio em minha direção. Ele disse: "Assim te diz o Senhor: Eis que você irá casar, te darei filhos, e te darei uma faculdade."

Eu estava em choque. Deus realmente existe, pensei. Qual a probabilidade de, em meio a mais de 250 pessoas, Ele ir exatamente até onde eu estava e falar comigo exatamente o que eu tinha pedido a Ele há menos de 5 minutos? Essa experiência foi como um raio de luz em meio à escuridão da minha vida, uma confirmação poderosa de que eu não estava sozinho e de que havia uma força maior cuidando de mim.

Naquela época, comecei a sentir que estava construindo algo novo dentro de mim, como se finalmente tivesse encontrado algo que se encaixava. Era como se alguém finalmente estivesse olhando para as minhas feridas e oferecendo cuidado para estancar essa hemorragia interna que eu vinha sentindo por tanto tempo.

Tudo começou devagar, como uma suave brisa que vai se tornando um vendaval. Eu queria conhecer mais sobre esse Deus que estava disposto a mudar e tocar áreas da minha vida que ninguém jamais teria se atrevido a tocar.

Até aquele momento, eu não sentia atração por meninas nem por meninos. Era como se estivesse preso em um limbo, talvez um bloqueio emocional causado por tudo que vivi na infância.

Esse período de busca espiritual e autoconhecimento foi um marco na minha jornada. Foi como se uma luz tênue começasse a brilhar no fim do túnel, trazendo esperança e um novo sentido para minha vida. Aos poucos, eu estava começando a me reconstruir, a me redefinir, e isso incluía explorar aspectos da minha identidade que antes estavam adormecidos ou reprimidos.

Enquanto adentrava a adolescência, meus sentidos sexuais permaneciam adormecidos. Era como se uma parte de mim estivesse congelada no tempo, incapaz de se abrir para as experiências que deveriam ser naturais nessa fase da vida.

Esses primeiros dias foram incríveis. Eu me sentia amado, protegido, acolhido. Até então, eu vivia no mundo como um peixe fora d'água, e agora tudo mudou. Finalmente, me encaixei; encontrei um lugar que era a minha cara.

Mas eu não sabia das dores tão fortes que ainda sofreria.

Mergulhei de cabeça e com intensidade nessa mudança. A ideia de ser uma nova pessoa e que tudo se renovava era incrível para mim. Eu já estava inscrito na classe dos novos convertidos da Escola Bíblica Dominical (EBD), que acontecia todo domingo às 9 horas da manhã. Os assuntos que discutíamos em aula eram todos voltados a esse novo começo, em se aprofundar em Deus e encontrar respostas para nossas dúvidas. Até o momento, eu não tinha conhecido alguém tão sábio em toda a minha vida quanto o pastor; ele tinha resposta para tudo.

Esse encontro com Deus aconteceu no culto do dia 21 de janeiro de 2012. E em março, eu já estava me batizando. Que alegria poder expressar publicamente que eu estava deixando para trás as dores do passado e vivendo para algo que me amava antes mesmo do meu nascimento.

Foi um período de grande transformação e esperança, como se eu estivesse construindo um novo eu, uma versão mais forte e cheia de propósito. Sentia que finalmente havia encontrado um refúgio, um lugar onde minhas feridas poderiam começar a cicatrizar.

Comecei a participar do grupo de jovens na igreja, que por sinal estava com liderança nova naquele período. Eles estavam escolhendo alguns jovens para acompanhar e fazer parte da secretaria e tesouraria do departamento, e me escolheram como secretário da juventude.

Talvez você não consiga entender o quão radiante eu estava naquela época. Mesmo tentando, talvez não consiga desmensurar tudo aquilo para mim, mas vou tentar explicar o porquê disso tudo.

Aquele menino que você acompanhou, cabisbaixo, abatido, triste, sem expectativa, sem vida, apático, sem nem saber o porquê de sua existência, e que, para completar, tinha descoberto que sua mãe havia tentado fazer um aborto...

Agora, esse mesmo menino estava sentindo um toque em áreas que estavam completamente destruídas, dolorosas e sem nenhuma expectativa de melhora. Eu comecei a ver uma saída no fim do túnel. Não era o meu fim. Eu estava convivendo com uma família, sim, uma família de verdade. Foi assim que eu me sentia.

Pela primeira vez, eu não era apenas o observador passivo da vida dos outros. Estava participando, contribuindo, sendo valorizado. Era como se, finalmente, todas as partes quebradas de mim estivessem começando a se juntar. Eu estava começando a viver, a ter esperança. E isso era algo que eu nunca tinha experimentado antes.

Até ali, tudo estava muito bem. Já havia se passado pelo menos um ano e meio, e aí começou novamente outro processo. Aquela sexualidade que eu disse que estava adormecida começou a jorrar sentimentos para fora, só que os sentimentos que estavam jorrando eram por outro garoto. Estava tudo tão bom para ser verdade.

Em algum momento, eu sabia que o que estava dormente poderia voltar à consciência, mas não sabia que seria por meninos. Eu comecei a lutar com meus sentimentos. Fazia campanhas na igreja com o propósito de que Deus tirasse todo aquele sentimento de mim. Fazia orações específicas, expulsava até demônios que nem existiam. Era tão doloroso.

Cada palavra na igreja que era ministrada contra a homossexualidade ia direto para a minha alma, e eu saía da igreja sentindo-me a pessoa mais suja de todas, mais uma vez perdendo meu lugar de referência. Era um conflito constante entre o que eu sentia e o que acreditava que deveria sentir.

A dor era imensa. Eu estava dividido entre a minha identidade e a minha fé, entre quem eu era e quem eu deveria ser. Não sabia como lidar com isso, e a sensação de estar traindo a mim mesmo e a Deus era devastadora. Aquele lugar que antes me acolhia como uma família agora se tornava um espaço de julgamento e dor. Eu estava mais perdido do que nunca, tentando encontrar um equilíbrio impossível entre os meus sentimentos e as expectativas que me cercavam.

Na Bíblia, há um livro chamado Tiago, e no capítulo 5, versículo 16, diz: "Portanto, confessem os seus pecados uns aos outros e orem uns pelos outros para serem curados. A oração de um justo é poderosa e eficaz." Uma luz de esperança se acendeu dentro de mim. Chamei meu líder de jovens e, com o maior medo, abri meu coração sobre o que estava acontecendo. Ele me ouviu atentamente e disse que nunca tinha lidado com um caso como o meu, mas que iria estudar para me ajudar o melhor possível.

Ele também me perguntou se poderia falar com a Pastora Presidente, que tinha mais de 60 anos de vida com Deus, inúmeras experiências e atendimentos pessoais. Ela, com certeza, saberia melhor que ele como lidar com a situação. Concordei, pois parecia sensato buscar ajuda de quem tinha mais experiência.

Depois que ele contou a ela, veio a primeira ordenança. Ela mandou que ele me afastasse de todas as atividades que eu exercia. Não poderia mais cantar no coral, não poderia mais ser secretário dos jovens, não poderia mais operar o Datashow da igreja. Ela havia quebrado minhas pernas.

Toda a sensação de pertencimento e propósito que eu havia construído desmoronou em um instante. Aquelas atividades não eram apenas coisas que eu fazia; eram partes de mim, as quais eu me apegava para sentir que tinha um lugar no mundo. Ser afastado foi como ter um pedaço de mim arrancado.

Eu me sentia traído, desamparado e extremamente sozinho. Era como se toda a aceitação e amor que eu pensava ter encontrado tivessem se evaporado. A sensação de ser sujo e inadequado só aumentou, intensificando a luta interna entre a minha identidade e as expectativas impostas. O que restava agora? Aonde eu pertencia se até mesmo no lugar que me acolheu eu não era aceito?

Naquele momento, percebi que minha luta não seria apenas contra meus sentimentos, mas também contra a incompreensão e o preconceito daqueles ao meu redor. Era um caminho doloroso e solitário que se abria diante de mim, cheio de incertezas e desafios que eu ainda não sabia como superar.

Eu não estava confessando pecado a ninguém. Não tinha feito nada que desonrasse a Deus ou a eles; eu só estava me abrindo porque não sabia lidar com a situação. Se arrependimento matasse, eu já estaria morto, pode ter certeza. O que tudo isso agregou para mim? Apenas sofrimento. Sim, exatamente isso. Além de continuar convivendo com os sentimentos que eu estava enfrentando, agora eu estava sendo tratado como alguém que realmente tinha errado.

Lembro-me de que fiquei nessa situação por alguns meses, mas não sei ao certo quanto tempo. Ninguém fez nada a respeito. Simplesmente passaram uma borracha, me devolveram os cargos, e ficou por isso mesmo. Começar a fazer as coisas novamente me trouxe alívio? Com toda a certeza, eu amava aquilo.

A sensação de estar de volta às atividades que me davam propósito foi como um bálsamo para minha alma ferida. Eu sentia que, de alguma forma, estava reconquistando meu lugar no mundo, embora a confiança estivesse abalada. Ser parte da igreja, participar do coral, ser secretário dos jovens, operar o Datashow – tudo isso me fazia sentir útil, conectado, pertencente.

Mas, no fundo, o dano já estava feito. A desconfiança e o medo de ser julgado continuavam presentes. Eu estava sempre andando sobre cascas de ovo, temendo que qualquer deslize pudesse me colocar novamente na posição de ser rejeitado. A aceitação que eu tanto valorizava agora parecia frágil, condicionada a minha capacidade de ocultar quem eu realmente era.

Apesar de tudo, eu persistia. Cada tarefa que eu realizava na igreja, cada encontro com os jovens, cada domingo na Escola Bíblica Dominical era um passo em direção a um pouco de normalidade. Era como se, por algumas horas, eu pudesse esquecer o conflito interno e simplesmente ser.

O peso de minha luta interna, no entanto, não desaparecia. A cada sermão, a cada palavra contra a homossexualidade, eu sentia o golpe. O conflito entre minha fé e minha identidade era constante, uma batalha silenciosa que travava dentro de mim todos os dias. Eu orava, suplicava, mas a sensação de inadequação e pecado nunca me deixava.

Ainda assim, havia momentos de pura alegria, quando eu estava cantando no coral ou ajudando a organizar um evento. Nesses momentos, eu sentia uma conexão profunda, uma esperança de que, talvez, um dia, eu pudesse encontrar um equilíbrio, uma maneira de ser aceito completamente, sem precisar esconder quem eu era. Esses momentos eram raros, mas eram o que me mantinham seguindo em frente, dia após dia.

E cada dia que passava, os meus sentimentos iam ficando mais camuflados e mais escondidos. Eu não percebia, mas aquilo já tirado uma nova ferida, tão grande quanto as da infância que meu inconsciente lutava e lutava em esconder.

Com o passar dos anos, eu acostumei a fingir que aquilo ali não existia mais.

"Afinal todo mundo passa por alguma luta mesmo."

Pare de normalizar coisas, situações que não são normais.

Não, não é normal ficar em sofrimento, não, não é normal ficar se torturando e se achando o pior ser humano do planeta por ter atração por um gênero que você nem pediu pra ter.

Por que por mais que eu aprendi a disfarçar ou a mascarar os meus desejos, eles ainda estão inflamados dentro de mim e crescia dor de forma invisível.

No fim, o nada a ver vim com um sintoma, eu me sentia a pior pessoa do mundo, e eu não sei as inúmeras orações que eu fiz, pedindo perdão a Deus por ser assim, por nascer assim.

Não temos culpa, você que está lendo isso, não tem culpa de sentir o que você sente.

Como eu posso dizer que você é culpado de algo que você não tem controle?

É muito fácil eu vir aqui e pontar que tal comportamento é errado ou é pecado, mas se eu não tenho o poder de ajudar ou se o que vou falar vai te atrapalhar ou piorar o que você já está sentindo, eu paro por E cada dia que passava, meus sentimentos iam ficando mais camuflados e mais escondidos. Eu não percebia, mas aquilo já havia criado uma nova ferida, tão grande quanto as da infância, que meu inconsciente lutava incessantemente para esconder. Com o passar dos anos, eu me acostumei a fingir que aquilo não existia mais.

"Afinal, todo mundo passa por alguma luta mesmo."

Pare de normalizar coisas, situações que não são normais. Não, não é normal ficar em sofrimento. Não, não é normal ficar se torturando e se achando o pior ser humano do planeta por ter atração por um gênero que você nem pediu para ter. Por mais que eu tenha aprendido a disfarçar ou mascarar meus desejos, eles ainda estavam inflamados dentro de mim, crescendo em dor de forma invisível.

No fim, essa dor invisível manifestava sintomas claros. Eu me sentia a pior pessoa do mundo, e eu não sei quantas vezes fiz inúmeras orações, pedindo perdão a Deus por ser assim, por ter nascido assim.

Não temos culpa. Você que está lendo isso, não tem culpa de sentir o que você sente. Como posso dizer que você é culpado de algo que você não tem controle? É muito fácil eu vir aqui e apontar que tal comportamento é errado ou é pecado, mas se eu não tenho o poder de ajudar ou se o que vou falar vai te atrapalhar ou piorar o que você já está sentindo, eu prefiro parar por aqui e não falar mais nada.

Eu aprendi que fingir que algo não existe não faz com que desapareça. Isso só faz com que a dor cresça silenciosamente, corroendo você por dentro. É um fardo pesado carregar esse segredo, viver uma vida de fachada, sempre com medo de ser descoberto e rejeitado novamente. Mas é importante lembrar que os sentimentos que temos não são crimes, não são escolhas conscientes pelas quais devemos ser condenados.

Então, eu digo a você, leitor, que não tem culpa de sentir o que sente. Seja qual for sua luta interna, saiba que você merece compreensão, respeito e, acima de tudo, amor. Não se permita ser esmagado pelo peso da culpa que outros colocaram sobre você.

Busque a verdade, busque o entendimento e, principalmente, busque a paz dentro de você. Porque, no fim das contas, é isso que todos nós queremos: viver em paz, sendo quem realmente somos.

Não se culpe por ser quem você é. Me desculpe se você é um cristão conservador, mas a Igreja já causou muita dor em nome de Deus, e ainda causa. Os discursos de ódio e violência, que tantos altares insistem em pregar como verdade, matam mais do que promovem vida.

Peço que você veja a pauta de Jesus sobre o evangelho, especialmente quando os líderes religiosos da época perguntaram a Ele qual era o maior mandamento das leis de Moisés, e Ele respondeu: "Respondeu Jesus: 'Ame o Senhor, o seu Deus de todo o seu coração, de toda a sua alma e de todo o seu entendimento'. Este é o primeiro e maior mandamento. E o segundo é semelhante a ele: 'Ame o seu próximo como a si mesmo'. Destes dois mandamentos dependem toda a Lei e os Profetas" (Mateus 22:37-40).

A base do evangelho é o amor. E se você, como cristão, perdeu esse foco, de que foi chamado para abraçar, não para espalhar; para acolher e não para julgar, está passando da hora de fazer uma autoanálise para ver se está cumprindo o que Jesus ordenou.

Não estou aqui para discordar ou concordar com qualquer pauta sobre sexualidade, gênero, etc. Esse não é o foco do livro. O foco do livro é: não sofra! Não viva uma vida de lamúria, ranger de dentes e sofrimento por causa das pessoas ou situações. Você precisa viver a sua vida da melhor maneira possível. Abra mão de tudo o que for necessário, só não abra mão de você.

Essa jornada que descrevo aqui não é sobre certo ou errado, mas sobre encontrar a paz em meio ao caos. Não é sobre seguir dogmas cegamente, mas sobre encontrar um espaço onde você possa respirar e ser quem realmente é. Não importa o que os outros dizem ou fazem, você merece viver sem carregar o peso da culpa ou do medo. Encontre o seu caminho e viva-o com coragem e autenticidade.

Lembre-se, no fim do dia, o que realmente importa é que você esteja bem consigo mesmo. Faça as pazes com quem você é, e viva uma vida cheia de amor, não apenas pelos outros, mas também, e talvez principalmente, por si mesmo.

Às vezes, a gente carrega um peso que ninguém vê. Uma dor que dói lá no fundo, mas a gente disfarça, tenta esconder. Não é fácil lidar com isso, especialmente quando a gente se sente sozinho nessa. A sensação de ser diferente, de não se encaixar, pode ser avassaladora. E aí a gente se culpa, acha que é errado sentir o que sente. Mas sabe de uma coisa? Não é. Não é errado ser quem a gente é, sentir o que a gente sente. É normal ter dores ocultas, mas também é importante lembrar que a gente não tá sozinho nessa. Às vezes, abrir o jogo com alguém de confiança pode ser o primeiro passo pra aliviar esse peso. E lembra sempre: você é importante, sua dor importa e você não precisa carregar isso sozinho.

Ninguém é obrigado a viver a vida de ninguém. É muito pesado querer ser como o outro, é muito pesado levar um fardo que não é seu. E por que estou falando de maneira mais rude aqui? Porque foi exatamente isso que desencadeou meu processo de adoecimento.

Na verdade, eu não queria contar aqui esse período que chamo de religioso. É uma experiência pessoal, ligada à fé e espiritualidade, e cada um tem a sua. O respeito pela escolha do outro precisa ser uma meta a ser cumprida diariamente. No entanto, como você entenderia todo o processo que desencadeou meus transtornos e a depressão sem essa parte da história? Decidi contar tudo porque sei que muita gente viveu processos parecidos.

Durante aquele tempo na igreja, a repressão aos meus sentimentos me fazia sentir como se estivesse sempre sob uma nuvem de culpa e vergonha. Era uma luta constante contra a minha própria natureza, uma batalha que eu parecia destinado a perder. Cada sermão, cada palavra contra a homossexualidade, era como uma punhalada, fazendo-me sentir o pior ser humano do mundo. E, por mais que eu tentasse esconder ou mascarar meus desejos, eles continuavam lá, inflamados dentro de mim, causando uma dor invisível.

Eu acreditava que, ao me abrir com meu líder de jovens sobre esses sentimentos, encontraria algum alívio. Em vez disso, fui afastado de todas as atividades que tanto amava. Senti como se tivessem quebrado minhas pernas, e o arrependimento por me abrir me consumia. Eu me sentia ainda mais sujo e perdido.

Quando finalmente me reintegraram às atividades, achei que encontraria algum alívio. Mas, com o tempo, percebi que os sentimentos reprimidos não tinham desaparecido. Eles estavam apenas camuflados, crescendo e se transformando em novas feridas. A cada oração pedindo perdão, a cada tentativa de esconder quem eu realmente era, a dor crescia. Eu me sentia a pior pessoa do mundo, sem controle sobre quem eu era.

Então, eu digo a você, leitor, que não tem culpa de sentir o que sente. Seja qual for sua luta interna, você merece compreensão, respeito e, acima de tudo, amor. Não se permita ser esmagado pelo peso da culpa que outros colocaram sobre você. Busque a verdade, busque o entendimento e, principalmente, busque a paz dentro de você. Porque, no fim das contas, é isso que todos nós queremos: viver em paz, sendo quem realmente somos.

Não se culpe por ser quem você é. Se alguém, especialmente em nome da religião, te faz sentir menos ou te machuca, saiba que isso não é amor. O verdadeiro amor acolhe, não julga.

Espero que, ao ler minha história, você entenda que não está sozinho. Muitas pessoas passam por processos semelhantes, e sua dor é válida. Lute por você mesmo, encontre seu lugar de paz e viva sua vida da melhor maneira possível. Não abra mão de quem você é por nada nem ninguém.

Nessa fase, eu já estava no ensino médio, cursando o primeiro ano. Era meu primeiro ano em uma escola estadual, e eu não sabia como seria o método de ensino ou se os horários de aula seriam cumpridos como na minha antiga escola particular. O início foi tranquilo. Eu estava com meus amigos, mas a quantidade de alunos em um só lugar me deixava um pouco fatigado. Não sou muito sociável; gosto de socializar apenas com quem tenho intimidade, e lugares públicos me dão certo desconforto.

Com o passar do tempo, fui conhecendo as pessoas da minha sala e me encantei por um garoto. Fiquei desesperado por isso. Fazia de tudo para parar de sentir o que sentia, mas quanto mais eu fugia, mais o sentimento crescia. Era uma paixão platônica, não correspondida. Como lidar com um sentimento tão dominante e latente?

Conforme o ano letivo avançava, aquilo permanecia em mim. Ficava todo atrapalhado perto dele e fazia de tudo para ser notado: tentava passar cola nas provas, ajudava nos trabalhos. Mas esse sentimento estava me fazendo muito mal. Era diferente do sentimento saudável que se espera ao gostar de alguém. Esse gostar não era nada saudável para mim. Além de lutar contra o sentimento a todo instante, eu me reprimia e me culpava, como se tivesse culpa por sentir aquilo.

Era um ciclo constante de autocensura e sofrimento. Cada tentativa de suprimir meus sentimentos só os fazia mais fortes, e a culpa por não conseguir controlá-los me corroía por dentro. A convivência diária com ele na escola tornava tudo ainda mais complicado, aumentando minha ansiedade e minha angústia.

Eu sentia como se estivesse em uma batalha constante comigo mesmo, tentando esconder algo que fazia parte de quem eu era, mas que eu não podia aceitar. Isso criou uma nova camada de dor, uma que eu lutava para disfarçar, mas que me consumia silenciosamente. Era um fardo pesado de carregar, e a luta interna parecia interminável.

Essa briga interna se estendeu até o início do próximo ano letivo, quando tomei uma atitude da qual me arrependo até hoje. Parei de estudar por causa dessa "paixão". Isso mesmo, esses sentimentos me custaram meus estudos. Eu não conseguia seguir em frente e acabei perdendo três anos da minha vida acadêmica. Tudo isso pelo simples fato de não saber lidar com meus sentimentos.

Eu não tinha um confidente, alguém que me apoiasse o suficiente para me fazer enxergar o quanto aquilo estava me prejudicando. Não havia ninguém para me mostrar que existiam outros caminhos, outras opções, como pedir transferência para outra escola. Sinceramente, na minha cabeça, abandonar os estudos parecia a única saída.

Quando falei com rispidez sobre a religião um pouco mais acima, foi exatamente por esse motivo: ela me custou muito caro. Em vez de me oferecer compreensão e apoio, ela me empurrou para um caminho de culpa e sofrimento. A falta de acolhimento e a pressão para suprimir quem eu realmente era me levaram a tomar decisões que impactaram profundamente minha vida.

É doloroso perceber que, em vez de me ajudar a lidar com meus sentimentos, a religião e o ambiente ao meu redor contribuíram para meu afastamento dos estudos e para o aumento do meu sofrimento. Essa experiência deixou marcas profundas, e, embora tenha encontrado algum alívio temporário, a verdade é que a luta interna continuou, apenas mais oculta e disfarçada.

Não estou dizendo que não devemos buscar nossa espiritualidade. Pelo contrário, devemos sim buscar um acesso a algo maior, mas isso deve ser feito com cuidado e disciplina, para não cairmos no "tudo ou nada", onde o que importa é apenas "obedecer" sem questionamentos. Você está disposto a pagar um preço tão alto assim?

Existem coisas que parecem belas por fora, como um sepulcro caiado, mas por dentro escondem a morte. Cheguei à conclusão de que ser religioso, no sentido mais estrito, pode trazer mais malefícios do que benefícios. Há uma grande diferença entre estar inserido em um contexto religioso e ser propriamente religioso.

Qual é a diferença tangível? A primeira é a estrutura estereotipada da crença em si, que traz um certo regozijo de estar no caminho correto, de estar bem perante a comunidade religiosa. No entanto, se essa mudança não for internalizada, se torna algo apenas para exibição, não uma vivência genuína.

Estar inserido em um contexto religioso pode proporcionar um senso de pertencimento e comunidade. Você participa de atividades, faz parte de um grupo, sente-se incluído. No entanto, quando isso se torna apenas uma fachada, uma performance para agradar aos outros e cumprir expectativas externas, perde-se o sentido profundo da espiritualidade.

Ser religioso, por outro lado, deveria ser uma experiência de transformação interna, um processo de autoconhecimento e crescimento pessoal. Quando a religião é vivida de maneira superficial, baseada apenas em rituais e aparências, ela pode se tornar opressiva, limitante e até mesmo prejudicial. A pressão para se conformar às expectativas da comunidade pode levar à repressão de sentimentos e à negação de aspectos fundamentais da própria identidade.

Em minha experiência, a religião me trouxe tanto conforto quanto dor. No início, senti um acolhimento e um propósito que nunca havia sentido antes. No entanto, quando meus sentimentos começaram a conflitar com os ensinamentos da igreja, a mesma religião que me deu esperança começou a me oprimir. A exigência de esconder e suprimir meus sentimentos me levou a um ponto de ruptura, onde abandonei meus estudos e me afundei em um ciclo de culpa e auto sabotagem.

A espiritualidade, quando vivida de forma autêntica, pode ser uma fonte poderosa de força e cura. No entanto, é crucial distinguir entre uma vivência espiritual genuína e a adesão a um sistema religioso que não respeita a individualidade e as lutas internas de cada pessoa.

Buscar algo maior deve ser um caminho de liberdade e
autodescoberta, não uma prisão de dogmas e expectativas sociais.

Espero que minha história ajude você a refletir sobre sua própria
jornada espiritual e a importância de encontrar um equilíbrio
saudável entre crença e bem-estar emocional. Não permita que a
pressão externa sufoque sua verdadeira essência. Buscar a paz
interior e viver de acordo com quem você realmente é deve ser
sempre a prioridade.

E infelizmente, dificilmente um religioso vai perceber que algo está
errado, porque se caracterizar com o perfil da religião traz benefícios
para o ego humano. A comunidade religiosa começa a notar que ele
está diferente, que é um ser em elevação, e então começam os
elogios, os reconhecimentos. Tudo isso cega a pessoa para os
problemas mais profundos.

"Então você está dizendo que tem problema em me caracterizar,
como pede ou detalha a minha crença?"

De forma alguma! Temos esse direito. O problema reside na
internalização, na prática, na vivência dos costumes sem burlar a
regra. A questão é viver a religião de forma autêntica e não apenas
como uma fachada.

Raramente alguém muda de fora para dentro. Toda mudança, antes
de ser externalizada ou vista por alguém, começou muito antes dessa
aparência que estou apresentando agora. O reflexo que você vê hoje

é apenas a exibição do que eu venho construindo internamente há muito tempo.

O verdadeiro desafio é transformar essas mudanças internas em ações genuínas, sem perder a essência do que realmente somos. A religião pode servir como um guia, uma fonte de inspiração, mas não deve se tornar uma máscara que esconda nossos verdadeiros sentimentos e lutas. Quando a prática religiosa se alinha com nossa verdadeira essência, ela pode ser uma força poderosa de transformação e paz.

No entanto, quando a religião se torna uma performance para agradar aos outros e ganhar reconhecimento, ela perde seu propósito. É fundamental que nossa espiritualidade seja uma expressão autêntica de nossa jornada interna, e não apenas uma conformidade com expectativas externas.

Minha própria experiência mostrou-me que seguir cegamente uma doutrina sem questionar ou entender profundamente pode levar a conflitos internos devastadores. A verdadeira espiritualidade deve nos permitir explorar, questionar e crescer. Deve nos ajudar a enfrentar nossas lutas com honestidade e coragem, e não nos empurrar para a sombra do medo e da culpa.

Portanto, busque uma conexão genuína com sua espiritualidade. Permita-se questionar e entender profundamente os ensinamentos que você segue. Encontre um equilíbrio que respeite tanto suas crenças quanto sua verdadeira essência. E lembre-se, a paz interior e a autenticidade são os maiores presentes que você pode dar a si mesmo.

"Tá bom, mas você não estava feliz e internalizado com os ensinamentos? Como então que foi tão negativo esse caminho pra você?"

Quem te disse que nesse processo todo de entrega, hoje, eu identifico que 80% do que eu vivi foi emoção causada pela religiosidade latente em mim? Eu era mais religioso do que espiritual. Era muito mais superficial do que profundo.

E como as crenças do cristianismo batiam de frente com os meus desejos incontroláveis, toda vez que eu insistia em me "alimentar" dos ensinos, eles machucavam mais do que faziam bem. É como uma mulher casada com um cara que para a sociedade é o cara, mas que em casa, com ela, pratica abuso psicológico, chamando-a de gorda, dizendo que não casou com ela assim, que ela precisa mudar. Passam alguns dias, e ele vem com amor e carinho, como se nada tivesse acontecido.

Esse ciclo de esperança e dor era constante. Eu me agarrava aos momentos de amor e aceitação, acreditando que finalmente estava no caminho certo, apenas para ser arrastado de volta para a dor quando meus desejos naturais emergiam novamente. Sentia-me como se estivesse traindo minha fé e a comunidade que me acolheu. O conflito interno era avassalador. Eu estava preso entre quem eu era e quem me diziam que eu deveria ser.

Essa dinâmica me fez questionar a autenticidade dos meus sentimentos. Será que minha fé era verdadeira ou apenas uma máscara para esconder minhas inseguranças? Eu não tinha respostas. Apenas sentia a pressão de me conformar, de ser o que esperavam de mim, enquanto sufocava minha verdadeira essência.

O peso da culpa era esmagador. Cada vez que falhava em ser o que me diziam que deveria ser, me sentia mais distante de Deus e da comunidade. Essa luta constante me desgastava emocionalmente. Eu orava fervorosamente, pedindo perdão, buscando uma paz que parecia sempre fora de alcance. A cada sermão contra a homossexualidade, uma faca era cravada no meu coração. Sentia-me sujo, indigno e desesperadamente só.

Foi nesse contexto que comecei a perceber que estava perdendo minha identidade. Eu me tornava uma sombra de mim mesmo, tentando desesperadamente corresponder às expectativas de uma fé que, embora tivesse momentos de consolo, na maior parte do tempo me causava dor.

O caminho para me libertar desse ciclo foi longo e doloroso. Precisei enfrentar meus medos, reconhecer minhas verdadeiras emoções e aceitar que minha espiritualidade precisava ser autêntica, não imposta. Aprendi que viver uma vida de fachada, por mais que fosse aceita pela comunidade, era uma traição a mim mesmo.

Então, ao leitor, digo: não se permita ser esmagado pelo peso da culpa que outros colocaram sobre você. Sua luta interna merece compreensão, respeito e, acima de tudo, amor. Busque a verdade dentro de si e encontre uma paz que seja genuína. Porque, no fim das contas, é isso que todos nós queremos: viver em paz, sendo quem realmente somos.

As marcas dos traumas foram abafadas pelos elogios? Não.

"O que você faria hoje de diferente?"

Eu abraçaria a psicoterapia antes mesmo de iniciar na igreja. Lá, com 14 anos, desesperado e sem saber o que fazer, procuraria ajuda multidisciplinar. Tenho certeza que minha vivência seria completamente diferente do que foi.

Por isso estou aqui escrevendo este livro, para que você não precise passar pelo mesmo caminho que passei. Há uma frase que diz: "A diferença entre o sábio e o inteligente é que o inteligente decide quebrar a cara para aprender com seu próprio erro, enquanto o sábio aprende observando o erro alheio." É a mais pura verdade. Talvez agora você esteja pensando consigo mesmo: "Ainda bem que sou sábio." Mas, infelizmente, não conseguimos evitar a queda e a dor. A maturidade é produzida nos momentos de dor e decepção. Nossos maiores aprendizados e transformações vêm das feridas.

Apesar dos elogios e da aceitação momentânea, os traumas nunca foram realmente curados. Eles estavam lá, silenciosos, corroendo-me por dentro. Se tivesse procurado ajuda psicológica desde o início, talvez tivesse aprendido a lidar melhor com minhas emoções e desejos, ao invés de reprimi-los e mascará-los com a fachada da religiosidade.

O apoio emocional e psicológico é crucial. Ter alguém para conversar, alguém que possa oferecer uma perspectiva neutra e profissional, faz toda a diferença. A terapia pode nos ajudar a entender que não somos culpados por quem somos, que nossos sentimentos não nos tornam monstros e que merecemos amor e aceitação.

Ao escrever este livro, minha intenção é ajudar outros a evitarem os erros que cometi. Quero que saibam que não estão sozinhos, que existem caminhos mais saudáveis para se trilhar. A dor e a decepção são inevitáveis em algum momento da vida, mas podemos aprender com elas de maneiras que não destruam nossa essência.

Se você, leitor, está passando por algo semelhante, busque ajuda. Não se isole na dor. A sabedoria está em reconhecer que precisamos de apoio, que não somos invencíveis e que é completamente válido procurar um terapeuta, um psicólogo, ou qualquer profissional que possa ajudar a entender e a lidar com as dificuldades internas.

Lembre-se: viver em paz consigo mesmo é o maior presente que podemos nos dar. Não permita que os traumas e as dores do passado definam quem você é. Aprenda com eles, mas não deixe que eles governem sua vida.

Lembra de quando você aprendeu a andar de bicicleta? Até seu cérebro ter a percepção de equilíbrio, você caiu muitas vezes. Mas depois que conseguiu, ninguém mais tirou essa conquista de você.

O equilíbrio mental é semelhante. Fazer psicoterapia não vai te transformar em um super-homem ou uma supermulher, mas vai te capacitar a ter uma visão muito mais abrangente do que antes. Você começará a enxergar as coisas com outros olhos, especialmente no que diz respeito a você mesmo. O autoconhecimento será o maior presente que você poderá dar a si mesmo.

Ouvir elogios de terceiros é ótimo e faz bem para a autoestima, mas a verdade? Nada melhor do que você se conhecer para saber se aquele elogio é vazio ou condiz com a realidade, porque você sabe quem é.

Entende uma das ferramentas que a psicoterapia te dá? Não estará nas mãos de ninguém o seu futuro, o seu destino, o seu sim ou o seu não. Estará nas suas mãos! Você será guiado até a sua melhor versão. E dentro da psicologia, existem várias vertentes que você pode explorar e procurar um profissional específico.

No início, apenas vá. Depois, você pode procurar especialidades, é basicamente como funciona o SUS. Primeiro, você vai a um clínico geral, ele te examina e, se for necessário, te encaminha para outra especialidade.

A psicoterapia te oferece um caminho para a autoaceitação e para a construção de um equilíbrio interno que não pode ser abalado facilmente. Ao entender suas emoções, seus traumas e suas esperanças, você se torna mais forte e mais preparado para enfrentar as adversidades da vida. Não subestime o poder de se conhecer e de cuidar de sua saúde mental. É um investimento que vale a pena e que pode transformar sua vida para melhor.

Uma das ferramentas que eu sei que existe na psicologia e que em uma delas eu já fui ministrado e posso te afirmar que ajuda nesse processo da escuta terapêutica foi a EMDR (Eye Movement Dessensitization and Reprocessing - em português seria Dessensibilização e Reprocessamento através do Movimento dos Olhos)

E o que é EMDR?

É uma nova abordagem psicoterapêutica que desbloqueia memórias dolorosas através de estimulação bilateral do cérebro.

A Terapia EMDR foi descoberta pela cientista americana Francine Shapiro no final da década de 80 e aprovada pela OMS (Organização Mundial de Saúde) para tratar o Transtorno de Estresse Pós-Traumático (TEPT), como assaltos, estupros e catástrofes.

Atualmente estudos científicos e a experiência clínica apontam resultados positivos para outros transtornos como ansiedade, dor crônica, luto, dependência química, depressão, transtorno bipolar e doenças psicossomáticas.

(informação retirada do site: https://intcc.com.br/o-que-e-a-terapia-emdr-e-como-funciona/)

Se eu fosse fazer um resumo do que é a EMDR, eu diria que durante a sessão, o profissional vai trazer à tona memórias que estão te causando bloqueio, desconforto e dor. Por meio de estímulos visuais, táteis ou auditivos, o que antes era cenário de tortura, dor e pânico dá lugar a uma memória sem o trauma. Não é tão simples como parece, mas a dor vai embora.

Se você está sofrendo agora, saiba que não é o seu fim. Existe uma porta nessa escuridão vasta e densa. Em meio a tanto desespero, choro e tristeza, há sim um braço estendido para te segurar e puxar de volta desse poço, desse buraco, não importa a profundidade. Eu sei que nesse processo, não conseguimos enxergar nada nem acreditar em nada também. Mas você precisa dar o primeiro passo e começar esse caminho incrível que é se conhecer. Dá uma chance para você mesmo e comece com a terapia.

Bom, agora vou voltar com a história porque ela já está bem pertinho do seu fim, para podermos falar mais sobre saúde mental.

Nessa parte da história, entre a igreja e a sexualidade, iniciou-se uma nova etapa na minha vida. O limbo de ociosidade em relação aos estudos ainda estava ativo, mas nesse ano (2017) eu decidi dar um basta na falta de conclusão do ensino médio e voltei a correr atrás dos meus sonhos profissionais.

Certo dia, tive um despertar por uma garota da minha igreja. Até então, nunca tinha sentido nada por ela, mas, como um colírio, meus olhos começaram a perceber algo diferente nela: o sorriso, a doçura, e fiquei apaixonado. Porém, não sabia como falar com ela ou como romper a barreira da amizade para demonstrar que queria algo a mais.

Conversei com uma amiga que era nossa amiga em comum, e ela compartilhou comigo que essa moça também estava tendo os mesmos sentimentos por mim. Meu mundo se abriu. Gradativamente, fomos nos aproximando e, depois de uns três meses, criei coragem para pedir ela em namoro.

Comprei nossas alianças e, no dia 23 de março de 2017, pedi ela em namoro, no dia do aniversário dela. Fiz uma surpresa. Nós marcamos de ir a um rodízio de pizza na cidade com alguns amigos e a família dela. Cheguei cerca de 30 minutos antes, estava bem apresentável, coloquei até um terno, porque, para mim, aquele dia era o mais esperado da minha vida.

Aquele dia foi incrível e com certeza memorável para mim. Nosso namoro começou como um namoro de corte, ou namoro santo, que basicamente envolve abrir mão de toques íntimos, como beijo e abraço, para focar em conhecer melhor um ao outro.

Tudo estava fluindo de forma muito boa. Finalmente, consegui terminar o ensino médio, fiz o Enem no final de 2016 e passei para cursar Direito, que era minha segunda escolha (a primeira sempre foi Medicina).

Parecia que todas as coisas que um dia me machucavam ficaram para trás.

O amor que eu sentia por Luciana fazia com que a dor relacionada à minha sexualidade ficasse nas sombras, mas ela ainda estava ali. Eu sentia a presença desses problemas, mesmo que estivesse anestesiado pela felicidade. Quando me esforço para trazer ao consciente as lembranças e emoções vividas, percebo o quanto sempre fui intenso em tudo. Minhas emoções nunca foram fracas; sempre foram marcadas por entusiasmo e um êxtase que talvez sejam além do normal. Hoje, sei que isso faz parte de um dos meus transtornos, chamado Transtorno de Personalidade Borderline.

Nosso relacionamento era baseado em respeito, conhecimento mútuo e projeções para o futuro. Sonhávamos e planejávamos juntos. Desde o início, fui transparente com ela sobre minha atração por homens. Para mim, um relacionamento precisa estar alicerçado na verdade para superar as dificuldades que surgirem. Essa verdade envolve sentar com seu parceiro e compartilhar tudo o que você viveu até agora, incluindo vícios, traumas e transtornos. Afinal, caberá a ele ou ela decidir se quer entrar nessa relação ou não.

Nós tivemos essa conversa antes de começar nosso relacionamento. Tanto eu quanto Luciana fomos sinceros um com o outro. Essa sinceridade criou uma base sólida para nosso namoro.

Lembro que alguns anos atrás pedi ajuda à liderança da igreja e não recebi o suporte necessário. Dessa vez, decidi procurar o pastor presidente atual e me abrir com ele sobre meus problemas. Ele orou por mim e me aconselhou a iniciar terapia. Por coincidência, havia uma membra da igreja que era psicóloga. Ele sugeriu que eu tivesse uma sessão com ela, e marcamos para a semana seguinte.

Ela se chamava Luciana, e nos encontramos na sala que também funcionava como secretaria da igreja. Naquele horário, o local foi esvaziado para que a sessão pudesse ocorrer sem interrupções. Luciana me ouviu atentamente e, ao final, disse: "Precisamos estabelecer um limite em nossa relação. Aqui dentro, eu sou a irmã Luciana, mas lá fora eu sou a psicóloga Luciana. O que discutirmos na sessão não tem nada a ver com uma escuta pastoral, é algo profissional."

Eu concordei, mas no fundo, pensei que não faria diferença e que nosso diálogo seria todo em um contexto religioso. Para minha surpresa, ela estava correta. A abordagem profissional era completamente diferente e extremamente necessária.

O que ela fez comigo se chama profissionalismo. Precisamos separar nossas crenças dos nossos fundamentos profissionais. Eu não tinha noção do que seria terapia. Já tinha ido antes? Sim, quando criança, mas eu não confiava na profissional e mentia sobre tudo o que falava. Só quem saiu perdendo fui eu mesmo.

Minha primeira sessão foi um verdadeiro sacode na alma. Ela me avisou que mexer nas lembranças e nos traumas poderia causar desconforto e dor, mas havia algo em mim: eu queria me conhecer. Por mais doloroso que fosse, eu estava decidido.

Ela só me atendeu aquele dia na igreja; as outras sessões foram em seu consultório. Às vezes, passávamos mais de duas horas em atendimento. A hora passava e nem sentíamos, tudo fluía. Nossa sessão era uma vez por semana, e a duração variava: uma hora e meia, duas horas, e até chegamos a três horas!

Quando saía de lá, eu exercitava tudo o que era proposto na terapia. Havia semanas em que era tão doloroso vivenciar as propostas, mas eu fazia mesmo assim.

Foi durante esse tempo que uma notícia abalou profundamente minhas emoções: minha mãe estava com câncer.

Quando minha mãe encontrou aquele caroço do tamanho de uma ameixa durante o banho, fomos imediatamente buscar ajuda médica. A biópsia confirmou nossos piores temores: Carcinoma Ductal in situ – Grau 2. Eu tinha 21 anos, estava no meu primeiro semestre da faculdade, e de repente, a vida como eu conhecia virou de cabeça para baixo.

Enfrentar o câncer de mama não é fácil, e as responsabilidades se acumularam rapidamente: cuidar da casa, acompanhar minha mãe às sessões de quimioterapia e garantir que ela estivesse confortável e bem cuidada. Eu jamais deixaria minha mãe sozinha nesses momentos críticos. Para mim, a família é a base de tudo e deveria ser a prioridade em nossas vidas.

Foi então que percebi a importância do apoio e da parceria. Minha namorada foi um pilar fundamental para mim. Ambos estudávamos, mas ela sempre encontrava tempo para estar ao meu lado, ajudando com os cuidados e as responsabilidades. Assim que terminava a escola, ela vinha para a minha casa para me auxiliar.

Esse período se tornou um verdadeiro intensivão da vida. Eu não sabia o que estava por vir, mas aprendi muito sobre resiliência, amor e a importância do tempo. Quando se trata de câncer, o tempo pode ser tanto nosso maior inimigo quanto nosso maior aliado. Cada dia era uma luta e uma conquista.

Minha rotina mudou completamente. As manhãs eram dedicadas às aulas da faculdade, mas o resto do dia girava em torno do cuidado com minha mãe. Marcar consultas, acompanhar sessões de tratamento, preparar refeições nutritivas e, claro, proporcionar apoio emocional. Apesar de todas as dificuldades, havia momentos de esperança e união que nos mantinham fortes.

Com o passar do tempo, percebi que o papel da terapia se tornou ainda mais crucial. As sessões com a psicóloga me ajudavam a manter a sanidade e a força emocional necessária para enfrentar tudo isso. Ela me guiava através das emoções complexas e do estresse constante, proporcionando um espaço seguro para desabafar e refletir.

Minha mãe enfrentou o tratamento com uma coragem impressionante. Houve dias difíceis, mas também houve pequenas vitórias que celebrávamos juntos. O câncer nos ensinou a valorizar cada momento e a fortalecer nossos laços familiares.

Esse período, embora extremamente desafiador, também foi uma lição de vida. Aprendi que, mesmo nas circunstâncias mais sombrias, o amor e o apoio mútuo podem iluminar o caminho. E, acima de tudo, descobri que temos uma resiliência dentro de nós que muitas vezes desconhecemos até sermos testados.

A batalha contra o câncer da minha mãe moldou quem eu sou hoje. Me mostrou a importância de cuidar daqueles que amamos e a força que podemos encontrar dentro de nós mesmos. E, acima de tudo, me ensinou a nunca desistir, mesmo quando o caminho parece impossível de trilhar.

Quanto mais rápido o diagnóstico é feito e o tratamento é iniciado, maior é a chance de regressão e cura do câncer. No entanto, o processo através do Sistema Único de Saúde (SUS), embora incrível em seu conceito e abrangência, pode ser demorado devido à alta demanda. No caso da minha mãe, levou cerca de três meses desde o diagnóstico até o início das sessões de quimioterapia. Foram meses de ansiedade e preocupação, mas finalmente o tratamento começou.

Cada sessão de quimioterapia era uma batalha. Eu assistia minha mãe desfalecer lentamente à medida que os medicamentos faziam efeito. Ao chegarmos em casa, ela enfrentava os efeitos colaterais: vômitos constantes, fraqueza extrema e a inevitável perda de cabelo. Diferente de muitas mulheres que optam por raspar a cabeça para evitar ver os fios caírem, minha mãe decidiu perder fio por fio. Não importava o que eu dissesse, ela estava firme em sua decisão. A cada manhã, mais tufos de cabelo ficavam no travesseiro, até que todo o cabelo dela se foi.

Durante esse período, encontramos um apoio inestimável em um grupo local chamado "Mulheres Guerreiras". Este grupo de mulheres, todas enfrentando ou tendo enfrentado o câncer, oferece suporte de várias formas: alimentos, suplementos, perucas, lenços e palestras. Quero deixar meu enorme agradecimento a todas as "Mulheres Guerreiras" por sua ajuda essencial durante esse período tão delicado.

Minha mãe recebeu uma peruca que era idêntica ao seu cabelo original, o que trouxe um grande alívio para nós. Visualmente, ela parecia a mesma mulher forte e resiliente de sempre, e para quem a visse na rua, não seria evidente que ela estava lutando contra um câncer agressivo.

Essa experiência foi um lembrete do poder da comunidade e do apoio mútuo. Ver minha mãe se levantar a cada manhã, enfrentando os desafios com coragem, foi uma lição de força e determinação. Apesar dos momentos de dor e sofrimento, o amor e a solidariedade das "Mulheres Guerreiras" e de todos ao nosso redor nos deram a força para continuar.

Ao refletir sobre esses tempos difíceis, entendo melhor a importância do suporte emocional e comunitário no processo de cura. A batalha contra o câncer não é apenas física; é também uma luta mental e emocional, onde cada gesto de apoio e compreensão faz uma diferença enorme.

Com o passar do tempo, administrar os estudos na faculdade, os cuidados com a casa e o acompanhamento da minha mãe no tratamento do câncer tornou-se impossível. No início do terceiro semestre, tive que tomar a difícil decisão de trancar minha matrícula na faculdade.

Minha irmã mais velha, que poderia ter ajudado, estava ocupada com seu trabalho em uma multinacional, o que exigia muitas viagens e metas a serem batidas. Isso a impediu de estar presente durante grande parte do processo. Além disso, ninguém da família da minha mãe apareceu para nos ajudar, nem mesmo para trazer uma sopa pronta para ela. A única exceção foi a minha tia de consideração, Roseli, que esteve conosco e ofereceu apoio durante todo o processo.

Viver essa situação foi extremamente desafiador. Eu não podia permitir que minha mãe percebesse o meu medo de perdê-la. Na minha cabeça, isso era inconcebível. Não conseguia imaginar minha vida sem a presença dela. Quando ela chorava, eu a abraçava e sempre tentava arrancar um sorriso dela, motivando-a a acreditar que tudo ficaria bem. Durante todo o ano de tratamento, nunca deixei cair uma lágrima perto dela. Alguém na casa precisava estar firme, e eu assumi essa responsabilidade.

Segurar minhas próprias emoções e estar forte para minha mãe foi uma tarefa árdua. Mas a necessidade de ser um pilar de força para ela superou qualquer fraqueza que eu sentisse. Essa experiência não apenas testou minha resiliência, mas também fortaleceu meu vínculo com minha mãe. Embora eu estivesse exausto física e emocionalmente, a necessidade de estar presente para ela me dava forças para continuar. Mesmo em meio à tempestade, encontrar pequenas alegrias e momentos de esperança nos mantinha em movimento.

Em retrospecto, essa fase da minha vida me ensinou lições valiosas sobre amor, sacrifício e a importância do apoio emocional. Embora a carga fosse pesada, a experiência de estar lá para minha mãe durante seus momentos mais difíceis é algo que sempre valorizarei.

Internalizando toda essa pressão e preocupação, eu acabei desenvolvendo hábitos prejudiciais. Para lidar com o estresse e a angústia, comecei a fazer compras de maneira compulsiva, gastando R$ 3.500,00 em um cartão e R$ 1.000,00 em outro. Sem perceber, essa foi a forma que meu inconsciente encontrou para fugir da realidade e buscar algum tipo de alívio emocional.

Uma grande preocupação durante o tratamento do câncer da minha
mãe foi que, apesar dos tratamentos intensivos com quimioterapia e
radioterapia ao longo de 12 meses, o câncer continuava a crescer.
Inicialmente comparado ao tamanho de uma ameixa, o tumor
cresceu para cerca de 12 cm, causando uma enorme pressão nos
tecidos mamários e deixando a pele lateral da mama dela roxa,
quase preta. Essa situação exigiu uma intervenção cirúrgica urgente,
já que o médico temia que o câncer pudesse ter entrado em estado
de metástase, espalhando-se para outros tecidos e órgãos.

A cirurgia foi longa e complicada, mas, felizmente, o cirurgião nos
informou que havia sido um sucesso. Ele ficou surpreso ao descobrir
que, apesar do tamanho alarmante do tumor, não havia sinais de
metástase. No entanto, foi necessário remover a mama esquerda
completamente e realizar um esvaziamento axilar do braço
esquerdo. Essa medida foi essencial para verificar se as glândulas
linfáticas na região tinham sido comprometidas pelo câncer, uma
prática comum para evitar a propagação da doença.

A recuperação da minha mãe após a cirurgia foi um processo
delicado, mas o alívio de saber que não havia metástase trouxe uma
nova esperança para nós. O apoio constante da minha namorada e o
acompanhamento psicológico que eu estava fazendo foram cruciais
para lidar com esse período tão difícil. Embora a luta contra o câncer
estivesse longe de terminar, esse momento marcou uma vitória
significativa em nossa batalha.

Após a cirurgia bem-sucedida, minha mãe entrou na segunda etapa
do tratamento contra o câncer, conhecida como hormonioterapia.
Esse tipo de terapia hormonal é uma forma de tratamento sistêmico,

o que significa que ela atinge células cancerígenas em todo o corpo, não se limitando apenas à região da mama. O objetivo principal da hormonioterapia é diminuir as chances de uma recidiva do câncer, oferecendo uma proteção adicional contra a volta da doença.

No caso dela, a terapia hormonal foi prescrita para ser realizada por um período de 5 a 10 anos. Esse tratamento é crucial, pois ajuda a bloquear ou diminuir a ação dos hormônios que podem promover o crescimento das células cancerígenas. Para muitas mulheres, essa é uma etapa essencial para garantir uma remissão prolongada e reduzir significativamente o risco de o câncer retornar.

Durante esse período, a vida continuava com muitos desafios e adaptações. A terapia hormonal trazia seus próprios efeitos colaterais, como ondas de calor, fadiga, e alterações no humor. Era fundamental manter um acompanhamento médico constante para monitorar a resposta ao tratamento e ajustar qualquer aspecto conforme necessário.

Além do tratamento médico, o apoio psicológico e emocional continuava a ser uma parte vital da recuperação da minha mãe. A presença de amigos, familiares e profissionais de saúde mental era indispensável para ajudá-la a lidar com os altos e baixos do tratamento e da recuperação.

Esse período também foi um tempo de aprendizado e fortalecimento pessoal para mim. A necessidade de cuidar da minha mãe, equilibrar os estudos, e manter a sanidade mental me ensinou a importância de buscar ajuda quando necessário, de apoiar-se naqueles que estão por perto, e de nunca perder a esperança, mesmo nos momentos mais difíceis.

Depois de finalmente conseguir uma pausa na luta intensa pela saúde da minha mãe, fui eu quem acabou adoecendo. De repente, uma pequena casquinha apareceu na minha perna direita, e ao consultar um angiologista, fui diagnosticado com úlcera venosa. Aquela pequena casquinha rapidamente se transformou em uma ferida grande e em carne viva.

Eu já tinha visto de perto o que era viver com úlcera venosa, pois uma tia minha sofria desse problema há mais de 20 anos. O tratamento foi iniciado com medicação para melhorar a circulação venosa e analgésicos mais fortes, já que as dores eram intensas e constantes. Costumo comparar a dor de uma úlcera venosa com a dor de uma queimadura com óleo quente, mas, ao contrário de uma queimadura, essa dor não cessa e persiste durante todo o dia. Com o tempo, seu corpo acaba tolerando a dor, que inicialmente é insuportável, mas eventualmente se torna moderada e tolerável.

Infelizmente, meus problemas não se limitavam a uma "simples" ferida. À medida que meu relacionamento com Luciana evoluía, os sentimentos profundos e reprimidos começaram a ressurgir com força total. As emoções e conflitos internos, que haviam sido abafados durante o tumulto do tratamento da minha mãe, agora emergiam de maneira avassaladora.

O estresse físico da úlcera venosa, combinado com a pressão emocional de lidar com minha sexualidade e manter um relacionamento, começou a afetar seriamente minha saúde mental. Os transtornos que eu havia enfrentado anteriormente, como o transtorno de personalidade borderline, começaram a se manifestar novamente.

Luciana foi um pilar de apoio durante esse período turbulento. Sua paciência e compreensão foram essenciais para que eu pudesse enfrentar esses desafios. No entanto, percebi que precisava de mais ajuda. Retomei a terapia com mais determinação, reconhecendo que lidar com minha saúde mental era crucial para minha recuperação e para o bem-estar do meu relacionamento.

As sessões de terapia tornaram-se um espaço seguro para explorar e entender meus sentimentos e comportamentos. Aprender a lidar com a dor física da úlcera e o tumulto emocional simultaneamente exigiu muito esforço, mas foi um passo necessário para minha recuperação.

Esse período foi um lembrete poderoso da importância do autocuidado e da busca de apoio. A luta pela saúde física e mental é contínua, mas com o suporte adequado, é possível encontrar o equilíbrio e a força para seguir em frente.

À medida que meu relacionamento com Luciana evoluía, os sentimentos que antes estavam distantes e abafados começaram a retornar com força total. Eu sabia que, de certa forma, isso era um efeito colateral da psicoterapia. Estava apenas começando a explorar o autoconhecimento, e esse processo tem um preço. Um preço que faço questão de pagar, porque é libertador.

A dor no processo de acessar informações inconscientes, trazê-las
para o consciente e curá-las é extremamente dolorosa e invasiva. No
entanto, percebi que essa dor provém de conhecer tanto as minhas
melhores qualidades e características quanto as minhas limitações,
dores e meu lado obscuro.

Houve épocas em que eu não conseguia ir à praia com minha
namorada. Não me sentia bem estando com ela e talvez me sentir
atraído por um homem que passasse. Para mim, isso era o cúmulo
do absurdo. A luta interna não parava aí; as dores se intensificavam e
perguntas como "Quem eu sou?" e "É isso que eu quero?" surgiam
dia após dia.

Antes de começar a terapia, eu não sabia que tinha uma
característica de ser refém de tornar o outro feliz. Cansei de realizar
tarefas, funções, obrigações e compromissos simplesmente para
satisfazer a vontade alheia. Dizer "não" para mim doía na alma, e a
grande razão para isso era o medo de perder aquela pessoa.

Esse padrão de comportamento estava profundamente enraizado
em mim, e a terapia trouxe essa verdade à tona. Aprender a dizer
"não" e colocar meus próprios desejos e necessidades em primeiro
lugar foi um processo doloroso, mas necessário. A psicoterapia me
ensinou que é impossível agradar a todos o tempo todo e que meu
valor não depende da aprovação dos outros.

Durante esse período, houve momentos em que me senti
completamente perdido. As sessões de terapia muitas vezes
deixavam-me emocionalmente exausto, mas também eram uma

fonte de clareza e força. Cada sessão era uma batalha contra meus demônios internos, mas também uma vitória em direção ao meu verdadeiro eu.

O apoio de Luciana foi crucial. Ela entendia minhas lutas e me apoiava incondicionalmente. No entanto, eu sabia que ela também merecia um parceiro que estivesse inteiro e em paz consigo mesmo. Por isso, continuei minha jornada de autoconhecimento com determinação.

Conforme os meses passavam, comecei a notar mudanças em mim. Estava aprendendo a estabelecer limites, a reconhecer e a respeitar meus próprios sentimentos. A terapia estava me ajudando a reconstruir minha identidade de uma forma que integrasse todas as partes de mim, inclusive aquelas que eu antes rejeitava.

Essa jornada de autoconhecimento é contínua e desafiadora, mas também é profundamente recompensadora. Enfrentar minhas dores e limitações me fez mais forte e mais consciente de quem realmente sou. E, embora ainda haja dias difíceis, agora sei que tenho as ferramentas e o apoio necessários para continuar crescendo e me curando.

Antes de começar a terapia, eu não sabia que eu tinha uma característica de ser refém de tornar o outro feliz. Cansei de realizar tarefas, funções, obrigações, compromissos, pelo simples motivo em satisfazer a vontade alheia. Dizer não pra mim doía na alma, e talvez a grande razão de dizer o "não" era o medo de perder aquela pessoa.

Então todas as dores causadas pelo "sim" eram desapercebidas porque eu estava tornando aquela pessoa feliz, ou pelo menos não a estava aborrecendo. Ah, caro leitor, não sei se você se identifica com essa dificuldade também, a de dizer "não". Mas posso te garantir que não há nada mais libertador do que dizer o "não".

O medo de perder alguém foi substituído por "eu não posso me perder". Ninguém é mais importante para mim do que eu mesmo. Isso não é ser egoísta; é se priorizar. Não tem como amar alguém se antes eu não me amar. Amar alguém sem se amar não é amor, e a chance desse sentimento, que você ou eu possamos rotular de "amor", pode ser, na verdade, dependência emocional.

Ao longo da terapia, percebi que muito do que eu chamava de amor era, na verdade, uma necessidade desesperada de aprovação e validação. Minha incapacidade de dizer "não" não era apenas uma característica passiva; era um reflexo de meu medo de rejeição e abandono. Esse medo profundo me impedia de estabelecer limites saudáveis e de cuidar de minhas próprias necessidades emocionais.

Com o tempo, comecei a entender que priorizar a mim mesmo não diminuía meu amor pelos outros; pelo contrário, me permitia amar de forma mais genuína e equilibrada. O processo de aprender a dizer "não" foi doloroso e desafiador. Enfrentar o medo de desagradar os outros e de perder a afeição de quem eu amava exigiu coragem e determinação.

No entanto, cada "não" que eu dizia era um passo em direção à minha liberdade pessoal. Eu estava aprendendo a me valorizar, a respeitar meus próprios limites e a reconhecer que meu bem-estar era essencial. Comecei a ver que meu valor não dependia da aprovação dos outros, mas de minha própria aceitação e respeito por mim mesmo.

Essa transformação não foi instantânea. Houve momentos de recaída, dúvidas e inseguranças. Mas cada pequeno progresso foi uma vitória. A terapia me deu as ferramentas para navegar por essas dificuldades, para enfrentar meus medos e para me reconstruir de uma maneira que refletisse quem eu realmente sou.

A compreensão de que amar a mim mesmo é a base para amar os outros de forma saudável foi uma revelação profunda. Agora, quando digo "não", faço isso com a certeza de que estou cuidando de mim mesmo. E isso não me torna menos amoroso ou menos comprometido; pelo contrário, me torna mais autêntico e presente nas minhas relações.

Então, se você também luta com o "não", saiba que há um caminho para a liberdade e o autoconhecimento. Priorizar a si mesmo não é um ato de egoísmo, mas de amor próprio. E esse amor próprio é a chave para construir relações verdadeiras e significativas, onde o respeito mútuo e a autenticidade possam florescer.

Aqui eu já estava beirando quase três anos de relacionamento e terapia, e uns dois anos e meio com minha úlcera. Ter úlcera mudou alguma coisa em minha vida? Mudou tudo. Minha autoestima foi ainda mais prejudicada; eu acabava ficando com vergonha de andar de bermuda por causa daquela faixa enorme perto do tornozelo. Aquela doença, além de doer muito fisicamente, doía ainda mais na minha alma. Eu estava beirando 145 quilos nessa época, o que complementava ainda mais minha baixa autoestima.

Você se lembra que lá atrás eu tinha comentado que desde a separação dos meus pais, eu comecei a passar por um problema relacionado ao ganho de peso? Pois é, aquela luta contra a balança existiu em minha vida desde então, e isso resultou numa juventude inteira convivendo com nutricionistas e endocrinologistas.

O processo psicoterapêutico estava em progresso, mas eu ainda estava longe de saber quem eu era. Eu já sabia dos meus traumas, dos meus problemas familiares e sociais, e estava ciente do quão inteligente eu era e do cara bonito que eu era. Tinha algumas noções em relação ao que eu queria, e desde que começamos a terapia, focamos também na minha sexualidade.

Explorar minha sexualidade em terapia foi um processo desafiador. Sempre fui muito franco com minha namorada sobre minha atração por homens. Isso não era algo fácil de admitir, mas eu sabia que era crucial para que nosso relacionamento fosse baseado na verdade e na transparência. Luciana, minha terapeuta, ajudou-me a navegar por esses sentimentos, desafiando minhas crenças e medos enraizados.

Durante esse tempo, aprendi a diferença entre identidade e comportamento, entendendo que minha atração não definia quem eu era. Foi um alívio poder expressar minhas inseguranças e desejos sem julgamento, permitindo-me explorar minha sexualidade de maneira segura e compreensiva.

Apesar dos avanços na terapia, minha luta contra a balança continuava. Minha relação com a comida sempre foi complexa, servindo como uma válvula de escape para o estresse e a dor emocional. Luciana me ajudou a reconhecer esses padrões, mas romper com eles era uma batalha diária.

Foi um período de muitas reflexões e autodescoberta. Comecei a perceber o quanto minhas experiências passadas influenciavam minha percepção de mim mesmo e minhas relações. As sessões de terapia se tornaram um espaço sagrado onde eu podia ser vulnerável e verdadeiro, sem medo de ser julgado ou rejeitado.

O apoio de minha namorada foi fundamental. Ela esteve ao meu lado em cada passo, oferecendo amor e compreensão. Juntos, enfrentamos os desafios e as incertezas, construindo uma base sólida para nosso relacionamento. No entanto, eu sabia que ainda havia um longo caminho pela frente. Encontrar um equilíbrio entre minhas responsabilidades, cuidar de minha mãe e cuidar de mim mesmo era uma tarefa árdua, mas eu estava determinado a seguir em frente.

Aprendi que o autoconhecimento é um processo contínuo e que, apesar das dificuldades, cada passo na direção certa é uma vitória. Meu relacionamento e minha jornada de autodescoberta me ensinaram a importância de ser honesto comigo mesmo e com os outros, a valorizar minhas necessidades e a construir uma vida baseada na verdade e no amor próprio.

Na época eu queria fazer meio que uma "cura gay", mas o conselho federal de psicologia proíbe qualquer tratamento inerente a "reversão sexual".

Resolução nº 01/1999 *veta que as (os) profissionais da Psicologia exerçam qualquer atividade que favoreça a patologização de comportamentos ou práticas homoeróticas.*

Quero deixar bem claro que em nenhuma sessão psicoterapêutica, minha psicóloga sugeriu nada disso, muito pelo contrário, o foco dela era que eu me descobrisse e me amasse como eu sou.

Porem, esse processo foi muito duro pra mim, porque eu ainda estava inserido em um contexto religioso, a cada descoberta interior, era uma nova dor manifestada, porque eu me cobrava muito em não poder ser eu era.

Eu já estava tendo crises e crises de depressão, sem saber que era depressão. Não conseguia sair de casa, no auge da dor, fiquei 3 meses sem falar com minha namorada, sem nem conseguir mandar mensagem, e esse não "fazer" me doía demais, e eu sabia que ela estava sofrendo também.

Eu jamais, jamais pediria ela em namoro se soubesse que eu ficaria assim ou se eu soubesse que a faria sofrer.

Eu não quis namorar ela pra fazer uma cena bonita pra sociedade, pra apresentar uma garota para o meu pai, eu a amava, mas ao mesmo tempo, eu também gostava de garotos.

Era exatamente assim que minha mente se encontrava, e a cada dia eu piorava.

O caminho da auto aceitação na minha mente estava bloqueado. Eu não poderia destravar, o medo de rejeição e de perder tudo o que eu havia construído ao longo desses 9 anos (de igreja) era gigante.

Durante esse período, minha irmã e eu estávamos em um salão de beleza. Enquanto a profissional realizava seu trabalho, ela notou algo em minha perna e me questionou sobre aquilo.

Foi então que compartilhei toda a minha jornada com ela. Em resposta, ela me ofereceu uma sugestão inusitada: "Olha, eu tenho algo que pode te ajudar a cicatrizar essa ferida", disse ela. "É um chá chamado Ayahuasca."

Já havia ouvido falar sobre a Ayahuasca e, sem hesitar, aceitei a oferta. Eu sabia do que se tratava, mas quero deixar claro que não estou, de forma alguma, encorajando o uso desse chá ritualístico. Conversei sobre os riscos envolvidos com o meu psiquiatra e psicólogo antes de decidir.

Minha irmã marcou o dia, explicou o processo de preparação e, quando chegou o momento, me acompanhou até o local. Lá, ela me orientou sobre os aspectos rituais envolvidos. Fui conduzido a uma pequena sala e recebi o chá em minhas mãos, cerca de 50 ml. Antes de ingeri-lo, ela sugeriu que eu fizesse uma oração à Ayahuasca, expressando o que eu desejava que ela trabalhasse em mim.

Quando me vi sozinho, entreguei-me à oração, pedindo à Ayahuasca que curasse não apenas minhas feridas físicas, mas também que removesse os sentimentos que eu associava à minha orientação sexual. Em seguida, tomei o chá.

Desde o momento em que o líquido tocou meus lábios até o momento em que despertei do transe, passaram-se quatro horas de uma jornada intensa e reveladora.

As visões e alucinações que experimentei naquela sessão ainda ecoam vividamente em minha mente.

Ela começou a ministrar sobre liberdade e auto aceitação. Em uma das cenas que vivi, fui transformado em um pássaro, sentindo o vento acariciar meu rosto enquanto voava sobre as águas. A sensação de liberdade era avassaladora, acompanhada pelas palavras sussurradas: "Você consegue sentir a liberdade de um pássaro? Ele vai para onde quer."

Em outra visão, fui convidado a observar as ondas do mar quebrando suavemente na areia. "Apesar de se quebrarem na costa, sua essência permanece a mesma", ela explicava.

Então, me vi igualado ao chão, fundindo-me com a terra, tornando-me parte da natureza. Sua ministração ressaltava a importância de respeitar e cuidar do meio ambiente, pois, do contrário, estaríamos nos destruindo junto com ele.

E então, ela me levou ao passado, às tumbas dos faraós, onde vi Cleópatra diante de mim. "Você vê Cleópatra? Você foi ela em uma vida passada", disse ela.

Houve outras visões, como uma mata densa e índios, embora essas não tenham deixado uma marca tão profunda. No entanto, lembro-me nitidamente da alegria indescritível, um êxtase que me envolveu por completo. Naquele momento, eu gargalhava com toda a minha alma, sem compreender completamente o propósito dessas visões.

Quando a sessão terminou, senti uma urgência repentina de ir ao banheiro. Ao desabotoar a calça, percebi, para minha surpresa e choque, que não sentia minha genitália. Foi então que a verdadeira natureza daquela experiência se revelou para mim.

Ao retornar para casa, carregava uma sensação de transformação. Em apenas quatro horas, aquela jornada desbloqueou cadeados que eu mantivera trancados por nove longos anos. Durante toda a semana seguinte, fui inundado por um desejo ardente de viver minha vida plenamente e abraçar quem eu realmente sou.

Eu não queria mais viver como refém das expectativas da família, da religião ou da sociedade. Eu ansiava por viver minha vida autenticamente.

Durante as sessões terapêuticas, cheguei à conclusão de que estava usando meu namoro, minha família e a igreja como escudos de proteção. Eles eram meu porto seguro em meio às tempestades da vida.

Decidi que era hora de derrubar esses escudos. O primeiro passo foi conversar seriamente com minha namorada. Expliquei o quanto sofria interiormente por reprimir minha sexualidade, mesmo amando-a profundamente. Precisava me permitir aceitar quem eu era. Afinal, amar também é saber deixar ir. Foi uma despedida dolorosa, mas necessária. Ela não poderia acompanhar-me nessa jornada de autodescoberta.

O segundo passo foi enfrentar meus líderes religiosos. Expus o quanto havia tentado mudar e como negar minha verdadeira essência estava me ferindo. Naquele momento, percebi que não podia mais continuar ali, indo contra minha própria integridade. Eles choraram comigo, me abraçaram e oraram por mim, enquanto eu era oficialmente desligado da membresia da igreja.

Aquela conversa foi devastadora. Perder todos eles foi como arrancar parte de mim mesmo. Talvez para alguns pareça trivial, mas para mim, significava abandonar todos os sonhos, planos e projetos que havia construído em torno da igreja. Abrir mão disso tudo, embora necessário, significava desmantelar minha própria identidade. Tive que repensar meus objetivos, projetos e reavaliar minha vida por completo. Reconstruir algo assim não é tarefa fácil. Reconstruir a si mesmo é ainda mais desafiador.

Vivi a dor do luto, a agonia da perda. Foi preciso desapegar de tudo, e rapidamente. Em pouco tempo, removi todos os escudos que me protegiam, deixando-me vulnerável diante do mundo.

Eu sabia que precisava descobrir quem era Rafael de forma completa, sem bloqueios ou pausas. Minha psicóloga, embora feliz por eu finalmente começar a viver minha vida, ficou bastante preocupada com a rapidez com que me desfiz dos meus escudos.

Além disso, estava exausto de lutar contra o peso. Com 151 quilos, decidi também fazer a cirurgia bariátrica. Em um intervalo de apenas um mês, me desfiz de tudo, focando inteiramente em mim mesmo.

Em questão de três meses, já havia realizado a cirurgia bariátrica, que foi um sucesso. Comecei a perder peso em ritmo acelerado, e meus amigos me apoiaram e acolheram durante todo o processo. No entanto, a dor da perda ainda persistia.

A verdade é que só percebemos o quão infectada uma ferida está quando a examinamos. E a "infecção" estava mais profunda do que eu imaginava. Embora estivesse abraçando o processo de amor próprio real e livre, a dor crescia dentro de mim.

Eu havia negligenciado minhas próprias vontades por 22 anos, e agora, em questão de meses, pensei ingenuamente que ao me libertar de tudo que me aprisionava, estaria bem. Mas as intensidades das dores, agora fora de controle, mostraram que não seria tão simples.

Fechar as torneiras das influências externas era apenas o começo. A inundação já havia ocorrido. O estrago, o desastre, não iriam desaparecer como num passe de mágica. Essas situações só são tratadas e mudadas ao longo do processo.

Eu estava iniciando um processo, o processo de parar de me intoxicar externamente. Mas agora, estava enfrentando um inimigo muito mais desafiador: as consequências.

É surpreendente como até mesmo pequenas atitudes podem desencadear consequências de grande impacto na vida de outras pessoas. No turbilhão da existência, é comum negligenciarmos ou subestimarmos as ramificações de nossas ações ou falta delas.

Quantos pais, movidos pelo desejo de oferecer uma vida confortável e próspera a seus filhos, acabam sacrificando o tempo que poderiam dedicar a eles em prol do trabalho. O resultado desse sacrifício é muitas vezes a terceirização quase total da criação dos filhos. E o desfecho desse cenário frequentemente se revela em um adolescente ou adulto marcado pela rebeldia e revolta. Mais tarde, não há como remediar o que já foi feito.

Assim, encerramos aqui a narrativa por trás da dor. A partir deste ponto, adentramos o território dos resultados das negligências, da procrastinação constante, da minimização dos problemas com um simplório "não é nada demais".

Mesmo com essas dores na alma, o mundo estava tão colorido pra mim.

Eu conseguia ser eu pela primeira vez em toda a minha vida, não tinha mais ninguém pra querer corrigir minha fala, meu tom de voz, minha postura, eu definitivamente estava vivendo a minha vida.

Nessa altura, eu parei com a psicoterapia.

E meu mundo tão meu e tão independente, de pouco a pouco, começou a perder a intensidade das cores, o que antes tinha um "gosto" incrível, passou a ficar meio que sem gosto.

Eu estava exatamente aonde eu queria estar, estava no lugar que sangrei pra conquistar e viver, mas agora nada mais estava me preenchendo como deveria.

Parei de sair de casa, ficava só no meu quarto, lembro de ter passado 4 dias sem nem ao menos tomar banho. Dia após dia, o prazer dela vida estava escorrendo pelos os meus dedos, e eu não sabia o que fazer pra alterar isso.

Todo o meu esforço era em vão.

Meu mundo passou a ser as series e filmes da Netflix, era isso que me fazia desfocar um pouco da minha realidade. Mas nada dura pra sempre, as series acabam, os filmes também.

Tudo a minha volta começou a ficar escuro, preto, preto, preto. Dentro de mim não existia mais solução pra nenhum

Você sabe, o incrível é que meu quarto se tornou o maior sinal visível de que algo não estava bem comigo. Apesar de manter meu sorriso, minhas risadas e distribuir conselhos como um palhaço em um circo, por trás da máscara e do sorriso largo, eu me sentia perdido. Era como se estivesse vivendo uma farsa, uma encenação da angústia que transbordava do meu íntimo.Cada vez mais, eu percebia que estava afundando em meu próprio inconsciente. É como se meu quarto fosse o ponto de ruptura, onde toda a bagagem emocional transbordava, inundando meu espaço seguro com uma torrente de sentimentos obscuros. É como se um cano de esgoto entupido começasse a vomitar sua sujeira em minha casa. Limpar apenas a superfície não era suficiente para resolver o problema. Às vezes, durante o processo de desobstrução, mais e mais sujeira emergia, até que a causa raiz fosse tratada e a obstrução removida. Somente então o fluxo cessaria, evitando o retorno da inundação de emoções. Posso até tentar usar um exemplo menos desagradável do que esgoto, mas a verdade é que nada mais causa o mesmo impacto. A dor dessa exaustão emocional é tóxica para nossa mente, como o odor nauseante da sujeira que obstrui nossas vidas.

PE é exatamente esse o processo que precisamos fazer, ir diretamente na fonte causadora do problema e buscar medidas e soluções até resolver.

É como se eu tivesse quebrado as correntes sociais que me prendiam, finalmente me libertando para ser quem eu realmente era. No entanto, havia ainda uma muralha interior impenetrável, uma autocondenação persistente que me sufocava. Eu me sentia perdido, sem saber como quebrar essa pressão interna sobre meus próprios sentimentos.

Aos poucos, comecei a sentir uma saudade avassaladora de tudo o que eu costumava fazer. O que foi despedaçado em um breve instante deixou lacunas no meu espaço-tempo, lacunas que pareciam impossíveis de preencher.

Então, começou uma avalanche de tortura psicológica, e o pior é que todas as indagações vinham de dentro de mim mesmo. "Por que você tinha que passar por isso?" "Você percebe o que perdeu?" "O que você vai fazer agora, depois de abrir mão de tudo?" Essas perguntas podem parecer simples quando lidas, mas você tem ideia do estrago emocional que elas estavam causando em mim?

É importante ressaltar que eu já não era uma pessoa muito sociável e minha autoestima já estava abalada há algum tempo. Essas inquietações vieram apenas somar-se ao peso que eu já carregava. E o pior é que não era algo momentâneo; a culpa que eu sentia se tornou uma parte cotidiana da minha vida, e não havia argumento amigável ou encorajador que pudesse aliviar o que eu estava passando.

Quando comecei a me envolver mais nos estudos e a participar da comunidade LGBTQIA+, esperava encontrar um ambiente acolhedor e inclusivo. No entanto, deparei-me com uma pressão ainda maior, especialmente em relação aos estereótipos de beleza e padrões de perfeição. A necessidade de se encaixar nesses padrões tornou-se uma cobrança interna avassaladora.

Sentia-me compelido a melhorar minha aparência para atrair olhares e sentir-me importante. Não estou criticando a aparência nem a comunidade LGBTQIA+; cada indivíduo deve definir seus próprios padrões e trabalhar na aceitação e no bem-estar pessoal. Não se trata de ter um corpo bonito para impressionar os outros, mas sim de se priorizar e buscar o melhor para si mesmo.

Naquela época, eu não conseguia entender essa ideia. O conceito de amor-próprio não fazia parte do meu vocabulário. É irônico pensar que a igreja, onde se prega tanto sobre o amor-próprio, não tenha conseguido me transmitir essa mensagem. Isso evidencia a diferença entre buscar espiritualidade e estar imerso na religião.

Essa foi a prova de que, durante todos esses anos, eu apenas seguia rituais religiosos, sem realmente internalizar os princípios básicos do evangelho de Jesus Cristo. No entanto, a experiência na igreja era positiva, talvez devido à sensação de inclusão e ao espaço seguro que proporcionava para ser ouvido e compreendido.

Tudo o que uma alma carente precisa é de atenção, mesmo que eu nunca tenha admitido a minha carência. Essa falta de reconhecimento impediu qualquer mudança ou tratamento, afinal, como tratar alguém que não reconhece sua própria condição?

Meu eu interior estava cercado por um turbilhão de preconceitos, pragmatismo e uma profunda carência, enquanto minhas áreas internas estavam todas feridas pelos golpes desnecessários da vida. E não estou falando de alguém ignorante quanto à psicoterapia; de fato, já havia feito progressos significativos, mas ainda havia uma grande quantidade de questões a serem abordadas, questões que eu mal reconhecia até ser guiado por um profissional.

Foi então que decidi buscar ajuda novamente. Foi quando descobri a existência de um Hospital Dia de saúde mental em minha cidade. Um lugar voltado para tratamentos multidisciplinares, especialmente concebido para pacientes como eu.

Essa descoberta foi um ponto de virada, um farol de esperança em meio às trevas da minha angústia emocional. Finalmente, eu estava dando um passo em direção à cura, um passo que eu jamais teria dado sem o reconhecimento da minha própria necessidade de ajuda.

Lembro-me como se fosse ontem do meu primeiro dia no Hospital Dia. Havia uma mistura de pessoas de diferentes idades e com uma variedade de problemas. Lidar com tantos estranhos me deixava profundamente desconfortável. A primeira coisa que fiz foi procurar meu próprio espaço, e lá permaneci até o terceiro dia.

Lembro-me de um grupo de cinco jovens da minha idade que me pareciam bastante estranhos. Entre eles estava uma garota chamada Fernanda, minha amiga incrível. Amo você, Fernanda!

No terceiro dia, Fernanda veio até mim toda animada e fofa, apresentou-se e convidou-me para me juntar a eles. Por dentro, eu afirmava firmemente que nunca me sentaria com eles, mas, por fora, mantive uma aparência neutra e concordei. No entanto, assim que ela se afastou, voltei para o mesmo lugar onde estava.

No dia seguinte, Fernanda veio novamente, e acabei cedendo. Não sou uma pessoa difícil; apenas tenho dificuldade em me abrir para desconhecidos.

Para minha surpresa, descobri que aqueles jovens estavam enfrentando exatamente as mesmas batalhas que eu. Aquela conexão foi como descobrir um mundo novo e incrível. Finalmente, eu tinha pessoas com quem compartilhar meus medos, meus traumas, minhas dificuldades.

Naquela fase da minha vida, eu estava apenas "sobrevivendo", mal sabendo como. A exaustão mental para manter-me vivo era esmagadora. Eu já não tinha motivação para acordar, para sair da cama. Viver parecia mais um fardo do que qualquer outra coisa. E quando eu olhava ao meu redor, percebia que estávamos em pleno auge da pandemia em 2021, com tantas pessoas perdendo suas vidas para a Covid-19. Eu minimizava minha própria dor, considerando-a insignificante em comparação com a de outros. Eu me culpava por querer desistir quando havia tantos lutando pela vida.

Mas, afinal, qual era a culpa que eu tinha por me sentir assim? Será que apenas a dor dos que estavam em UTIs ou com câncer era válida? Eu também estava sofrendo; minha dor também era imensa.

Iniciar um novo tratamento, independentemente da causa, sempre gera desconforto. E essa seria a minha primeira vez experimentando medicações psiquiátricas, minha primeira vez combinando tratamento psiquiátrico com psicoterapia. Era um passo importante, cheio de incertezas, mas também de esperança.

Quando eu comecei o tratamento, eu já tinha ideação suicida em minha cabeça, inclusive naquela semana, as ideações suicidas estavam insuportáveis de forte.

Eu precisava sanar a minha dor, e não via outra forma de fazer isso, a não ser me suicidando.

Até, na compra dos medicamentos, eu me planejei meu suicídio. Seria naquele dia.

Eu cometi um grande erro nesse caminho, de ter compartilhado com minha amiga o que eu queria fazer, ela poderia ter acabado com meus planos, caso ela avisa-se a equipe multidisciplinar o que eu tinha acabado de informar a ela, ela me fez jurar que não faria, eu até jurei, mas por dentro eu já tinha determinado em fazer.

E chegando em casa, realizei a tentativa, foram 40 comprimidos de remédios distintos.

Terror é o que marcou esses minutos pós ingestão medicamentosa, eu me arrependi e quis voltar atras, ah ledo engano...

Fui até o banheiro, desesperado para provocar o vômito, mas nada acontecia. Agora, eu não queria morrer. Não se passaram nem cinco minutos quando os efeitos da overdose começaram a se manifestar. A primeira sensação foi uma tontura avassaladora. Eu me agarrei ao portão de casa e liguei para minha irmã, pedindo socorro. Antes que ela chegasse, desabei no chão. Já não conseguia enxergar nada ao meu redor. Meu coração parecia uma bomba pronta para explodir, enquanto um frio intenso me invadia. Uma sirene ecoou em meus ouvidos, um aviso do meu inconsciente: "Estamos entrando em colapso, estamos morrendo".

Minha irmã desceu correndo e, com a ajuda do meu cunhado, me levou para o carro. Enquanto isso, eu lutava com todas as minhas forças para manter minha mente consciente. Tinha medo de fechar os olhos e nunca mais acordar.

Os sintomas se intensificaram. Além do frio avassalador e do coração descompassado, meus braços tremiam descontroladamente. Minha visão começou a falhar, minha fala tornou-se pesada e quase ininteligível.

Minha irmã me levou às pressas para o hospital de emergência da cidade. Chegando lá, fui colocado em uma cadeira de rodas e levado até uma maca, enquanto os médicos corriam para salvar minha vida.

 Após me colocarem no soro, os médicos enfrentaram dificuldades para encontrar uma veia devido à minha desidratação severa. Iniciaram então a lavagem estomacal, e devo dizer que a pior parte foi a introdução da sonda nasogástrica. Inicialmente, os médicos não encontraram nenhum vestígio dos medicamentos ingeridos, até que minha irmã os lembrou de que eu era paciente bariátrico. Com essa informação, eles realizaram uma lavagem mais profunda, e para surpresa deles, encontraram apenas espuma.

Em questão de 30 minutos, meu corpo havia metabolizado as 40 medicações. A partir daí, lutar para manter minha mente desperta tornou-se uma tarefa árdua.

Meu amigo Lucas chegou logo depois, e meu pai, que estava em outra cidade, correu para o hospital. Agora, o desafio era encontrar um hospital particular para minha transferência. Esperei cerca de três horas até ser encaminhado para outro hospital, que me ofereceu um suporte especializado. Lá, fiz uma tomografia abdominal, um eletrocardiograma e fui direto para a UTI.

Os dias de tratamento nesse hospital foram os melhores possíveis. Ouvi de amigos o quanto alguns profissionais de saúde podem ser desrespeitosos quando um paciente que tentou suicídio chega ao hospital.

Infelizmente, é uma triste realidade que muitos profissionais de saúde ainda estão despreparados para lidar com questões de saúde mental. Já ouvi até mesmo de um médico a ideia equivocada de que superar um quadro clínico de saúde mental exigiria apenas "um esforço maior", como se problemas psicológicos fossem simplesmente uma questão de preguiça ou falta de ocupação.

Quando finalmente deixei o hospital e retornei para casa, a realidade se mostrou brutal. Cada minuto em casa era uma batalha contra os fantasmas do passado. Revivia a cena da tentativa de suicídio e todos os sentimentos associados a ela. Semanas se passaram nesse ciclo vicioso, e a cada dia o prazer de estar em casa diminuía mais e mais. Como permanecer em um ambiente que agora me lembrava da morte? O que fazer para mudar essa realidade?

Foi então que minha psicóloga me diagnosticou com Transtorno de Estresse Pós-Traumático. Durante um mês, revivi intensamente aquele período traumático assim que chegava em casa. Foi uma época extremamente estressante para mim, mas aos poucos, os sentimentos foram se amenizando. Não consigo recordar exatamente quando tudo isso passou, mas gradativamente, a dor começou a diminuir até que finalmente desapareceu. Foi um processo árduo, mas consegui encontrar paz novamente.

No entanto, mesmo após o desaparecimento da dor intensa, o desgosto de permanecer em casa persistiu. Era uma sensação horrível, pois minha casa sempre foi meu refúgio, minha fortaleza. Eu podia visitar a casa de qualquer pessoa, mas no final do dia, sempre retornava ao meu lar. Estar ali, deitado, parecia insuportável.

Assim que dei entrada no Hospital Dia Psiquiátrico e comecei a compartilhar minhas experiências com meus amigos lá, finalmente pude compreender e confrontar as dores do passado. Foi como se, ao destrancar a porta que guardava meus traumas, uma avalanche de emoções viesse à tona.

Muitas pessoas estão nesse exato momento sufocadas por suas próprias emoções, sem compreender de onde vem tamanha dor e sem saber como lidar com ela. Horrível, sufocante e enlutado são palavras que descrevem meus dias após esse momento de revelação. Percebi que esperei tempo demais para buscar ajuda, mesmo já estando em psicoterapia há pelo menos três anos. Essa enxurrada de sentimentos foi avassaladora, e eu não estava preparado para lidar com ela.

A verdade é que não temos controle sobre quando ou como nossos traumas serão revelados pela nossa mente. Lidar com a complexidade da mente humana é entender que não existem roteiros pré-definidos ou receitas prontas. Cada mente é única, assim como cada corpo, e cada indivíduo enfrenta seus próprios desafios de forma singular.

Com essa parte da minha história, encerro temporariamente este relato. Nos meses seguintes, enfrentei dores intensas, mas também experimentei momentos de superação. Talvez no futuro eu compartilhe mais detalhes sobre o que aconteceu após esse ponto

"Não passe pelo que passei!" - É assim que inicio esta página. As dores que poderíamos evitar e a forma de evitá-las reside justamente em buscar ajuda no momento certo. Infelizmente, a maioria das pessoas só procura auxílio quando já estão imersas em um mar de dor e sofrimento, quando medidas preventivas poderiam ter feito toda a diferença.

Lembrando que a temática deste livro não se limita a discutir a patologia da depressão, afinal, existem diferentes tipos e níveis dessa condição. Há pessoas que, mesmo não tendo vivenciado traumas evidentes (o que, na verdade, é difícil de acreditar), sofrem com a depressão devido a causas químicas, intrínsecas ao próprio sistema neural.

No entanto, os transtornos desencadeados pelos traumas, esses sim são o foco principal desta obra. É crucial compreender que, independentemente da origem da dor emocional, o importante é reconhecer a necessidade de buscar ajuda e apoio adequados. Afinal, prevenir o sofrimento psicológico é tão importante quanto tratá-lo depois que ele se manifesta.

Transtorno de Humor Bipolar

Vamos começar a falar sobre bipolaridade? É um tema muito utilizado de maneira equivocada e errada por muitas pessoas.

Quantas vezes não ouvimos alguém dizer: *"nossa, fulano é muito Bipolar."*

Não vou aqui falar com abundancia a respeito dos termos do transtorno, mas vou deixar alguns sintomas que ela apresenta, tais como:

"É comum a impulsividade, refletida em tentativas de suicídio e uso de substâncias que alteram a consciência. Se inicia em torno de 25 anos. Geralmente, começa por depressão, transtornos alimentares, transtorno de ansiedade e uso de substâncias. Não ocorrem sintomas psicóticos, que são causados pela mania." (Pfizer Brasil)

E existem 2 tipos de bipolaridade a tipo 1 e a tipo 2, como descrito abaixo:

Transtorno bipolar tipo 1 - chamado de bipolar clássico, é aquele onde predomina a mania ou hipomania em relação à depressão. A idade de início é, em média, aos 18 anos. Mas pode se iniciar em fases mais tardias da vida.

Transtorno bipolar tipo 2 - ao contrário do tipo 1, o transtorno bipolar tipo 2 tem o predomínio da depressão em relação à hipomania. É comum a impulsividade, refletida em tentativas de suicídio e uso de substâncias que alteram a consciência. Se inicia em torno de 25 anos. Geralmente, começa por depressão, transtornos

alimentares, transtorno de ansiedade e uso de substâncias. Não
ocorrem sintomas psicóticos, que são causados pela mania.

(Pfizer Brasil)

Bom, meu tipo de bipolaridade é o tipo 2, e realmente se iniciou
depois dos 25 anos, talvez pelas feridas causadas no passado.

Nosso inconsciente é fantástico, ele defende nosso cérebro de
maneira incrível, pois ele armazena as informações que chegam ao
nosso consciente em forma de gavetas mentais, e não libera as
lembranças ruins, para proteção da mente.

Ok, então como que a doença se manifesta?

Simples, pelo acumulo de traumas no decorrer da vida. Chega uma
hora que ele não consegue armazenar, guardar as informações e
começa a projetar para o consciente, como forma de resolução.

É como se ele estivesse dizendo: *"consciente, não estou conseguindo
lidar com isso, lida com isso pra mim e me devolve. Meu tipo de
bipolaridade é o tipo 2, e surgiu após os* 25 anos, talvez como
resultado das feridas emocionais do passado. Nosso inconsciente é
verdadeiramente fascinante; ele atua como um guardião,
protegendo nosso cérebro ao armazenar informações em gavetas
mentais, retendo lembranças ruins para preservar a saúde mental.

Então, como a doença se manifesta? Simplesmente pelo acúmulo de
traumas ao longo da vida. Chega um momento em que o
inconsciente não consegue mais lidar com o volume de informações
e começa a projetá-las para o consciente como uma forma de tentar
encontrar resolução.

É como se ele estivesse dizendo: "Consciente, estou com dificuldades para lidar com isso. Por favor, assuma o controle e resolva isso para mim." Essa dinâmica complexa entre o inconsciente e o consciente pode resultar em uma variedade de sintomas e condições, incluindo a bipolaridade.

Aqui ocorre o problema: o consciente muitas vezes não consegue efetuar a mudança necessária e devolve a memória traumática para o inconsciente, dando início a um ciclo vicioso. É assim que o transtorno bipolar se desenvolve, pois para ser ativado ou iniciado, ele precisa de um gatilho. Vale ressaltar também que todo transtorno mental vem acompanhado de uma carga genética.

Lidar com a bipolaridade não é tarefa fácil. Lembro-me vividamente dos dias em que me recusava a tomar meus medicamentos, convencido de que podia me virar sozinho (um dos quadros dentro da bipolaridade). Fora as crises de raiva que surgem do nada, dirigidas não a alguém, mas a uma raiva interior contra minha própria pessoa.

Mas isso não é tudo. Hahaha, quem me dera que fosse. Falarei mais sobre as outras facetas em breve. A parte mais cruel da bipolaridade é lidar com a fase depressiva. Você entra em um túnel escuro, sem saída, onde a vida parece desprovida de sentido. Sem mencionar as fases suicidas associadas a essa depressão. Lidar com os pensamentos intrusivos é terrível. Você perde o desejo de viver, questiona sua própria existência, e a morte parece a única saída.

Lembro-me claramente da terrível experiência de tentativa de suicídio. Duas noites no CTI, dores intensas no estômago e uma mente que clamava pelo fim. É algo que não desejo nem para o meu pior inimigo.

Transtorno de Personalidade Borderline

Diferente do transtorno Bipolar que é ativo no decorrer da idade da pessoa, o transtorno de personalidade Borderline nasce com o indivíduo.

Como está descrito no nome, o transtorno borderline, é um transtorno na personalidade do indivíduo, o termo borderline, surgiu, sobre a Borda, a beira. São indivíduos sempre a beira de seus sentimentos, refém de si mesmos.

"O transtorno de personalidade borderline é caracterizado por um padrão generalizado de instabilidade e hipersensibilidade nos relacionamentos interpessoais, instabilidade na autoimagem, flutuações extremas de humor e impulsividade"
(https://www.msdmanuals.com/pt-br/profissional/transtornos-psiqui%C3%A1tricos/transtornos-de-personalidade/transtorno-de-personalidade-borderline-tpb)

Lidar com o transtorno de personalidade borderline é verdadeiramente exaustivo. Às vezes, você se vê dominado por ele sem sequer perceber, e algumas de suas ações podem ter consequências quase irreparáveis. Geralmente, os chamados "Border's" não suportam a solidão. Aqui, vou abordar alguns traços do transtorno, mas é importante ressaltar que não posso generalizar o borderline dessa maneira. Posso falar apenas a partir da minha própria experiência e das características que acompanham o transtorno, mas cada indivíduo é único e requer cuidados e atenção específicos.

Para mim, o borderline se manifestava principalmente como uma dependência emocional extrema em relação aos meus amigos. Eu simplesmente não conseguia suportar estar sozinho, pelo menos até chegar à minha fase adulta, quando finalmente percebi o padrão. No entanto, essa dependência não era constante. Havia momentos em que eu apreciava minha solidão, mergulhando em meu próprio mundo de fantasia e brincadeiras.

Entretanto, houve realmente uma fase em que eu sentia uma necessidade avassaladora de estar sempre acompanhado. Cheguei até a ter uma amiga que passava quase todo o tempo comigo, dormindo na minha casa frequentemente. Entendo agora o motivo pelo qual essa amiga estava tão presente em minha vida durante esses períodos. Ela também buscava fugir de sua própria realidade, que, assim como a minha, não era nada fácil.

Lidar com o borderline requer uma jornada de autoconhecimento e aceitação, além de muita terapia e apoio emocional. É uma batalha diária, mas uma que vale a pena travar em busca de uma vida mais equilibrada e satisfatória.

Durante minha infância e adolescência, meus pais nunca perceberam nada "anormal" em mim, em parte porque eu não era realmente visto por eles. Sempre fui autodidata, aprendi quase tudo que sei por meu próprio esforço. Se hoje sei cozinhar, foi graças a mim mesmo, e assim por diante. Nunca recebi orientação educacional na escola; era Rafael por Rafael, até que passei no Exame Nacional do Ensino Médio (ENEM) e obtive meu certificado de conclusão do Ensino Médio.

Mas em relação ao borderline, o que mais me incomoda são as variações de humor que o transtorno causa. É uma instabilidade gritante entre estar bem e experimentar alegria, tristeza, esperança e desesperança, tudo ao mesmo tempo. Além disso, há os surtos de impulsividade em relação a algo ou até mesmo o desejo de se auto lesionar, as tendências suicidas que frequentemente acompanham o transtorno.

Ser borderline hoje é um desafio, mas com a ajuda da psicoterapia, consigo superar as ideias suicidas que surgem. Outra característica marcante do borderline é a depreciação da autoimagem; geralmente nos enxergamos com uma baixa autoestima. Lidar com isso também não é tarefa fácil. A terapia é fundamental para ajudar a mudar a percepção que temos de nós mesmos e encontrar um caminho para uma melhor saúde mental.

Se você tem bordeline, busque ajuda piscoterapeutica e médica.

Transtorno de Defit de atenção e Hiperatividade (TDAH)

Este é mais um transtorno com o qual lido, o TDAH (Transtorno do Déficit de Atenção e Hiperatividade), uma condição que não se desenvolve com o tempo, mas sim com a pessoa desde o nascimento. Infelizmente, meu diagnóstico foi tardio, já na idade adulta.

Imagine querer se concentrar e simplesmente não conseguir. É frustrante. Escrever este livro foi um desafio, especialmente porque não estou tomando medicação para o TDAH no momento. Preciso reforçar minha atenção e concentração aqui, por isso coloquei até uma música clássica para ajudar.

Já experimentei medicação para o TDAH. Sim, tomei uma muito eficaz chamada Venvanse. No entanto, não recomendo tomá-la sem prescrição médica. No meu caso, o médico estava ciente de tudo e me indicou o tratamento. É importante ressaltar que o cuidado ao utilizar o Venvanse em pacientes bipolares precisa ser redobrado. É uma medicação maravilhosa, que me ajudou muito.

Mas voltando à minha jornada... Imagine uma criança que lutava para se sair bem, sem escolha a não ser confiar em si mesma. Na adolescência, era a mesma coisa. Quando finalmente descobri sobre o TDAH? Em outro país, enquanto cursava a faculdade e lutava para memorizar o conteúdo.

Lidar com o TDAH é uma batalha diária, mas com o apoio adequado e estratégias de manejo, é possível encontrar maneiras de lidar com os desafios e alcançar uma vida mais equilibrada e produtiva.

Por fim, gostaria de abordar um tema que tem ganhado destaque na psicologia: a busca pela espiritualidade como parte do tratamento para melhorar o quadro clínico do paciente. Essa abordagem varia de pessoa para pessoa, e cabe a cada um encontrar a religião ou espiritualidade que ressoa consigo e que traz bem-estar.

Como este é meu relato, gostaria de compartilhar um pouco sobre minha própria jornada espiritual, algo que não mencionei anteriormente no livro. Tentei manter uma postura cética ao escrever o livro, para não comprometer sua intenção, mas agora quero reservar um espaço para falar sobre minha busca pelo espiritual.

Ao longo dos anos, tenho explorado diferentes aspectos da espiritualidade, buscando conexão e significado em minha vida. Encontrei conforto em práticas como meditação, yoga e reflexão pessoal. Descobri que a espiritualidade pode oferecer um apoio profundo em momentos de dificuldade e incerteza, ajudando-me a encontrar paz interior e clareza mental.

É importante ressaltar que a espiritualidade não é uma solução única ou instantânea para os desafios da vida, mas pode ser uma ferramenta valiosa complementar ao tratamento psicológico tradicional. Cada um de nós tem sua própria jornada espiritual a percorrer, e é essencial explorar e cultivar aquilo que ressoa conosco individualmente.

Minha Espiritualidade

Tudo começou quando minha vida estava completamente desorganizada, e a pergunta que ecoava em minha mente era: o que fazer? O que eu não contei é que isso aconteceu quando eu tinha apenas 14 anos... Às vezes pensamos que nossas crianças não sentem, mas elas sentem, assim como eu senti.

Por que eu estava sem esperança? Porque minha moral foi profundamente abalada. Sempre busquei ser um filho exemplar, zeloso, amoroso, mas na adolescência, me descobri em uma situação complicada com um garoto que, por coincidência, era filho da minha antiga madrasta. Um episódio infeliz que ela presenciou e nos pegou "na fraga". Naturalmente, ela protegeu o filho e acabei sendo culpabilizado. Meu pai até ameaçou processar minha mãe por má criação. Quando ela veio me questionar, neguei tudo, mesmo sabendo que era verdade. A culpa pesava em mim, mas preferi negar.

Agora, você acha que a culpa por ter negado essa situação desapareceu? Não, pelo contrário. Eu sabia o que tinha feito, e a culpa não saía da minha cabeça. Meu pai nunca falou comigo sobre isso, nem sobre sexualidade ou qualquer assunto delicado. Tudo isso foi me consumindo ao longo do tempo. Eu ia para a escola, mas só Deus sabia o que eu sentia naqueles momentos.

Nesse cenário de confusão e dor, a espiritualidade não tinha lugar na minha vida. Eu tinha minhas dúvidas sobre a existência de Deus e se Ele realmente se preocupava com os seres humanos de forma individual. Ser crente? Nem pensar. Tinha uma igreja perto de casa que parecia um local de loucura, com todo mundo gritando. Eu pensava: "Será que Deus é surdo? Por que precisam gritar tanto?"

A dor continuava latente dentro de mim, e eu não via saída. Eu queria acabar com minha vida, não aguentava mais. Você consegue imaginar a dor de um adolescente que cresceu sem apoio emocional dos pais, com esse sentimento? Quem me ajudaria ali? Ninguém.

Mas havia uma vizinha muito chata, Valdineia, que todo dia me convidava para ir à igreja com ela. Que incômodo, pensei. Mas ela insistia tanto que um dia decidi ir, só para ela parar de me incomodar. E advinha de qual igreja ela era? Daquela que eu achava barulhenta demais.

Chegamos lá, e todos me trataram bem. Estavam concentrados no culto, e quando o pastor começou a falar sobre a Palavra de Deus, algo aconteceu. Sentindo a dor que eu carregava, em silêncio, eu disse em pensamento: "Deus, se o Senhor existe, eu quero casar, ter filhos e cursar uma faculdade."

Passaram-se apenas cinco minutos desde esse pensamento quando o pastor veio até mim e disse: "Assim te diz o Senhor: você irá casar, terá filhos e cursará uma faculdade." Fiquei sem palavras. "Deus existe", pensei, "e Ele está falando comigo de forma individual."

Aquela noite foi transformadora. Aquelas palavras tiraram um peso do meu coração. No momento do apelo, fui à frente e aceitei Jesus. Aquela foi o início de uma jornada na minha vida.

Mas você pensou que a dor acabou por aí? Hahaha, a vida não deixaria tão fácil.

Sexualidade x Religião

"Dediquei um tempo para abordar este tópico, especialmente no contexto evangélico. Não se passou muito tempo, apenas três meses, desde que me batizei e comecei a frequentar a igreja assiduamente. Tudo parecia estar indo bem até que, após certo tempo, comecei a sentir atração por um amigo da igreja. Isso me deixou confuso e desconfortável, especialmente porque já tinha ouvido diversas condenações sobre homossexualidade na igreja. E isso aconteceu quando eu tinha apenas 14 anos.

Esses sentimentos ficaram comigo por cerca de um ano, até que decidi buscar ajuda com o líder da igreja. Infelizmente, em vez de orientação e apoio, recebi apenas disciplina. Fui afastado de todas as atividades que realizava na igreja, o que foi devastador para mim, pois amava participar ativamente.

A luta contra a homossexualidade continuou tornando-se ainda mais intensa com o tempo. Na escola, os comentários e julgamentos dos outros só aumentavam minha angústia. Uma das dores mais difíceis de suportar é sentir algo que você não deseja sentir, mas não ter controle sobre isso.

Com 16 anos, decidi mudar de escola na tentativa de escapar desses sentimentos, mas logo me deparei com uma nova paixão, desta vez por um colega de classe. Lutar contra esse sentimento era exaustivo, mas eu não queria aceitá-lo.

Aos 20 anos, após enfrentar muitas dificuldades, conheci uma teologia inclusiva que me trouxe esperança. Comecei a estudar sobre o assunto e percebi que podia ser feliz e cristão ao mesmo tempo. No entanto, ainda enfrentava uma luta interna intensa e entrei em depressão, o que afetou meu relacionamento e minha vida acadêmica.

Após terminar meu relacionamento e me distanciar da igreja, iniciei uma jornada de autodescoberta e aceitação. A terapia foi fundamental nesse processo, assim como o apoio de amigos e familiares que me aceitaram como sou.

Hoje, busco viver minha espiritualidade de uma maneira que seja autêntica para mim, sem negar minha identidade. Embora tenha enfrentado muitas dificuldades e preconceitos, estou determinado a encontrar paz e felicidade no meu caminho, independentemente das expectativas dos outros.

Para aqueles que enfrentam uma jornada semelhante, quero dizer que não estão sozinhos. É importante buscar ajuda, seja através da terapia, de grupos de apoio ou de amigos e familiares compreensivos. Você merece amor, aceitação e respeito, independentemente de quem você é ou quem você ama. Não se limite por causa das expectativas dos outros. Você merece viver uma vida autêntica e plena, onde possa ser verdadeiramente você mesmo."

"Não estou aqui para julgar ou impor minhas crenças sobre ninguém. Cada um tem sua própria jornada e sua própria verdade. O que importa é que você encontre paz e autenticidade no seu caminho.

Eu sei que abrir mão de certas coisas pode ser doloroso, mas às vezes é necessário para encontrar paz interior. Eu escolhi seguir um caminho que me permite viver em harmonia com minha fé e minha identidade, mesmo que isso signifique abandonar antigas crenças e tradições.

Não foi fácil deixar para trás minha antiga comunidade e enfrentar o desconhecido, mas hoje vejo que foi o melhor para mim. Encontrei uma nova comunidade de apoio que me aceita como sou e me permite crescer es

piritualmente.

Se você está passando por uma jornada semelhante, quero que saiba que não está sozinho. Há pessoas e recursos disponíveis para ajudá-lo em sua jornada de autodescoberta e aceitação.

Você é digno de amor, aceitação e respeito, não importa quem você seja ou quem você ame. Siga seu coração e encontre o caminho que o faça sentir-se completo e realizado. Você merece ser feliz e viver uma vida autêntica e plena."

"Lembre-se sempre de cuidar de si mesmo e de buscar apoio quando precisar. Não tenha medo de ser verdadeiro consigo mesmo e de seguir o que o seu coração diz. Você é único e valioso, exatamente como você é.

Às vezes, a jornada pode ser difícil e cheia de obstáculos, mas cada passo que você dá em direção à autenticidade é um passo em direção à sua própria felicidade.

E, no final das contas, lembre-se de que você não está sozinho. Há uma comunidade de pessoas que o apoiam e o aceitam exatamente como você é. Continue seguindo em frente, um passo de cada vez, e nunca duvide do seu valor e da sua capacidade de criar a vida que deseja."

E hoje, como estou?

Hoje, estou cursando Medicina em Rosario, na Argentina, vivendo meu sonho, que era cursar medicina e futuramente ser um psiquiatra para cuidar cada vez mais de vidas.

As dores internas, ainda estão sendo trabalhadas, tem dias que ainda vejo a escuridão passar, mas está tudo bem, hoje eu entendo que as fazes da vida são necessárias para nosso amadurecimento e crescimento. Ninguém, repito, ninguém, está radiante, pleno o tempo inteiro, isso é fanfic de internet.

Todos nós teremos nosso dia mal, mas sabe da maior? Esse dia passa...

Mas, se não passar, não fique parado, peça ajuda.

Em relação a psicoterapia, faça, será uma descoberta de si incrível para você, ir a psiquiatra? Por favor, cuide da sua mente, cuide de você!

Carta Aberta aos pais

Vocês não têm ideia do sofrimento que seus filhos podem estar enfrentando. Não importa a idade deles, não finjam que não sentem, porque sentem, e muitas vezes de forma mais intensa do que nós, adultos.

Conversem mais com seus filhos, estejam presentes para eles. Sintam-se com eles, assistam filmes juntos, saiam juntos, aproveitem cada momento como se fosse o último. Não esperem até que algo terrível aconteça para buscar ajuda.

Se notarem qualquer comportamento estranho, não hesitem em levá-los a um psicólogo. Sejam bons pais, não apenas provedores materiais. Crianças, adolescentes, adultos, não importa a idade, todos nós sentimos. Mas as dores podem ser evitadas, os transtornos podem ser prevenidos, e às vezes tudo isso está sob sua responsabilidade, em seus braços.

Vocês são responsáveis pelo bem-estar mental de seus filhos. Sejam pais de verdade.

Te mando um abraço, e um até logo, no meu próximo livro.

Escrito por Rafael Castellar Morais.